龍谷大学アジア仏教文化研究センター
文化講演会シリーズ 4

道元徹心 編

比叡山の仏教と植生

目次

はじめに

平成二十七年（二〇一五）に、龍谷大学は仏教研究の世界的プラットフォームとなるべき「世界仏教文化研究センター」を設立いたしました。この研究センターは、寛永十六年（一六三九）に西本願寺阿弥陀堂北側に開設された「学寮」を淵源とする龍谷大学が、三百八十年にわたって蓄積してきた「仏教に関する諸研究」を基盤として、さらなる仏教研究の進展をはかるために設立したものです。その傘下にあるのが、アジア仏教文化研究センターです。

アジア仏教文化研究センターは、龍谷大学の長年にわたる「仏教研究」の成果を多角的に進展させるため、文部科学省が進める私立大学戦略的研究基盤形成事業に、研究プロジェクト「日本仏教の通時的共時的研究—多文化共生社会における課題と展望—」をテーマとして応募し、採択されました。このたびの講演録は、その研究成果の一端を社会に還元する形で発信しようとするものであり、平成二十九年一月・平成三十年一月および平成三十一年一月の計三回にわたって企画された「比叡山の仏教とその植生」の講演（於龍谷大学大宮学舎北黌および清風館）を編集の上、以下の順に収録したものです。

一　比叡山の森　延暦寺一山無量院住職　礒村良定
二　辰張忌考　天台宗典編纂所編輯員　吉田慈順
三　比叡山の森林施業　延暦寺一山松寿院住職　武　円超
四　比叡森林継承プロジェクトが持つ可能性　龍谷大学非常勤講師　村上明也
五　比叡山の山修山学の理念と継承　龍谷大学理工学部教授　道元徹心
六　比叡山の生物自然誌　龍谷大学元教授　土屋和三

比叡山は「日本仏教の母山」と称され、延暦寺では「御山は御大師様の体、御山の木々は御大師様の衣」という意識のもとで森を護ってきました。礒村氏と武氏により比叡山の森林管理の現状について語られます。

今日まで比叡山を護る上で様々なことがありました。織田信長による比叡山焼き討ち後、山修山学の理念のもと伽藍が復興する一面について近世の資料を手がかりに道元が述べます。吉田氏が明治期初頭の廃仏毀釈から行政裁判を通じてどのように山林還付が実現したかを明かしていきます。

また、比叡山の森林について仏教（草木成仏説）の立場から村上氏が語っています。最後に現代社会への提言も含め比叡山の生物自然誌を土屋氏が学術的に考察します。

この講演録では、それぞれ専門的立場から「比叡山の仏教と植生」について新たな紹介をしています。

令和二年一月三十日

龍谷大学理工学部教授・アジア仏教文化研究センター

兼任研究員　道元徹心

比叡山の森

伝教大師　衣の森

延暦寺一山無量院住職
礒村良定

一　はじめに

平成二十八年（二〇一六）から八月十一日が「山の日」として、日本の新たな祝日に制定されました。「山」とは一体何を指すのでしょうか。辞典を引いてみるといくつかの説明が記載されています。平地よりも高く隆起した地塊、鉱山、山林、物事の多く積み重なっていること、物事の絶頂、など様々な説明がなされています。その中の一つに、「特に比叡山、また、そこにある延暦寺の称[1]」とされています。なぜ「山」が比叡山を、そして延暦寺を表すようになったのでしょうか。

東には眼下に雄大なる琵琶湖を眺め、西に千年の都京都を望む場所に位置する比叡山。伝教大師《でんぎょうだいし》最澄《さいちょう》が天台宗の総本山である延暦寺（伝教大師の時代には比叡山寺といった）を比叡山に開いて以来、延暦寺は大きな二つの顔を持つようになります。

一つはよく知られているように、京都の北東に位置する比叡山は、伝教大師が桓武天皇より仏法の力で国を護《まも》る「鎮護《ちんご》国家」の道場として、平安京の鬼門封《きもんふう》じの「王城鎮護」の道場として大きな発展を遂げます。実際、今でも延暦寺の説明には「京都の鬼門を護る」

という表現が使われることがよくあります。

しかし、伝教大師が延暦寺を開いたのは、もう一つの顔が主な理由です。慈覚大師円仁《じかくだいしえんにん》、智証《ちしょう》大師円珍《えんちん》、慈恵《じえ》大師良源《りょうげん》、恵心僧都源信《えしんそうずげんしん》、慈眼《じげん》大師天海《てんかい》といった天台宗を大きく飛躍させた名僧たち以外にも、法然《ほうねん》（浄土宗）、親鸞《しんらん》（浄土真宗）、道元《どうげん》（曹洞宗《そうとうしゅう》）、栄西《えいさい》（臨済《りんざい》宗）、日蓮《にちれん》（日蓮宗）、一遍《いっぺん》（時宗）、良忍《りょうにん》（融通念仏《ゆうづうねんぶつ》宗）などの後に天台宗を離れ独自の宗派を確立した各宗派の祖師たち、また現在には名前も伝わらない無数の修行僧たち。より良い世の中を作っていく「人材育成」の道場としての役割こそが比叡山に延暦寺が開かれた理由であり、今では「日本仏教の母山《ぼざん》」と呼ばれるようになりました。

比叡山は古来より信仰の対象となってきた山で、様々な文献にも取り上げられています。初出は『古事記』で「大山咋神、亦名山末之大主神。此神者坐近淡海国之日枝山[2]」とあり、近江国の日枝山《ひえのやま》、また京都の松尾に「大山咋神《おおやまくいのかみ》」が鎮座していることがわかります。この神は別名を「山末之大主神《やますえのおおぬしのかみ》」ともいいます。また日本最古の漢詩集である『懐風藻《かいふうそう》』所載の「和藤江守詠稗叡山先考之旧禅処柳樹之作[3]」と題する詩の中に、「近江惟帝里　稗叡寔神山　山静俗塵寂　谷間真理専　於穆我先考」とあり、やはり「神山」とされています。『古事記』の日枝山も『懐風藻』の稗叡《ひえい》もともに比叡山のことです。これらから、比叡山は最澄の入山以前から「ご神山」として崇《あが》められていたことを読み取ることができ、比叡山は古代から信仰をあつめる山であることがうかがい知れます。

二　修行の山

比叡山延暦寺は現在でも厳しい修業が行われることでも有名です。主な修行としては、伝教大師最澄が制定した「十二年籠山行《ろうざんぎょう》」、中国の天台宗を開いた天台大師智顗《ちぎ》から連なる「四種三昧行《ざんまいぎょう》」、相応和尚《そうおうかしょう》によって創始された「千日回峰行《かいほうぎょう》」などがあり、その他にも様々な修行が現在も行われています。その延暦寺では、修行道場としての「山」を非常に大切にしてきました。天台大師の書物の中に修行に適した環境として、「閑居静処　息諸縁務[4]」という言葉が出てきます。もろもろの雑事や世間的なつながりを断って、人里から離れた静かな場所こそが修行するにふさわしいと説かれています。また、伝教大師は「おのずから　住めば持戒の　この山は　まことなるかな　依身より依所[5]」と詠み、自分自身を律し正しくあるためには、環境こそが最も大切だと説き、つまりそれは比叡山での修行を意味しています。

私が行中に感じたことは、比叡山で修業をさせていただいているときは、「何か大きなもの」に包まれているように感じました。数年経ってから比叡山の森林管理をする管理部という部署の担当となったとき、先輩から管理部に伝わる伝統を教えていただきました。「御山を御大師様の体と思い、御山の木々を御大師様の衣と考えよ」という言葉でした。この時に初めて、行中に感じていた「何か大きなもの」の正体を見た気がしました。私は伝教大師や仏様に包まれて行をさせていただいていたのだな、と改めて感じることができました。延暦寺管理部に伝わるこの言葉は、延暦寺の環境を護り、森林管理の大切さを説く言葉ですが、私は単に森林管理だけを指すのではなく、修行の山である比叡山の環境を護るという延暦寺の意気込みが込められているのだと考えています。

三　近世における山林経営

ここまでお話した通り、延暦寺は比叡山のほぼ全域を修行道場として活用し、人材育成の道場としてきましたが、修行道場としての比叡山を管理もしてきました。延暦寺の歴史の中で、時代により境内の広さは異なりますが、現在約一七〇〇ヘクタールの土地を有しています。また、その九七パーセントは山林です。

延暦寺には残念ながら、有名な織田信長の焼き討ち、比叡山では元亀《げんき》の兵難（元亀二年〈一五七一〉）と呼びますが、焼き討ち以前の記録があまり残っていません。本能寺の変後、羽柴秀吉により山門再興が許可される（天正十二年〈一五八四〉）と、徳川家康や正親町《おおぎまち》天皇なども相次いで許可を出し、本格的に延暦寺が復興されていきます。その過程で、秀吉による山林保護の制札が出されたり、関ヶ原の合戦後には家康よる山林竹木伐採の禁制が出されたりもしています。明治になると廃仏毀釈《はいぶつきしゃく》の波に延暦寺も飲み込まれ、上地令（明治四年〈一八七一〉）によって延暦寺の土地の大半は明治政府に召し上げられて国有地となります。「雨垂《あまだ》れ落《お》ち」といって、屋根から水滴が落ちる範囲までがお寺の境内、その外は全て取り上げられるという非常に厳しいものだったといわれています。大隈重信《おおくましげのぶ》公が比叡山を視察したことをきっかけに行政訴訟を通じて、延暦寺が所有地を取り戻していくのは明治四十一年までかかりました。延暦寺では「山林還付」と呼んでいます。それ以降も先人方の努力により第二次大戦後まで土地の所有については争われるのですが、明治以前の所有地の大半がほぼ現在の延暦寺の所有地となっています。

明治四十一年の山林還付後、森林経理学の権威であり、後に国有林施業案規程の指導者

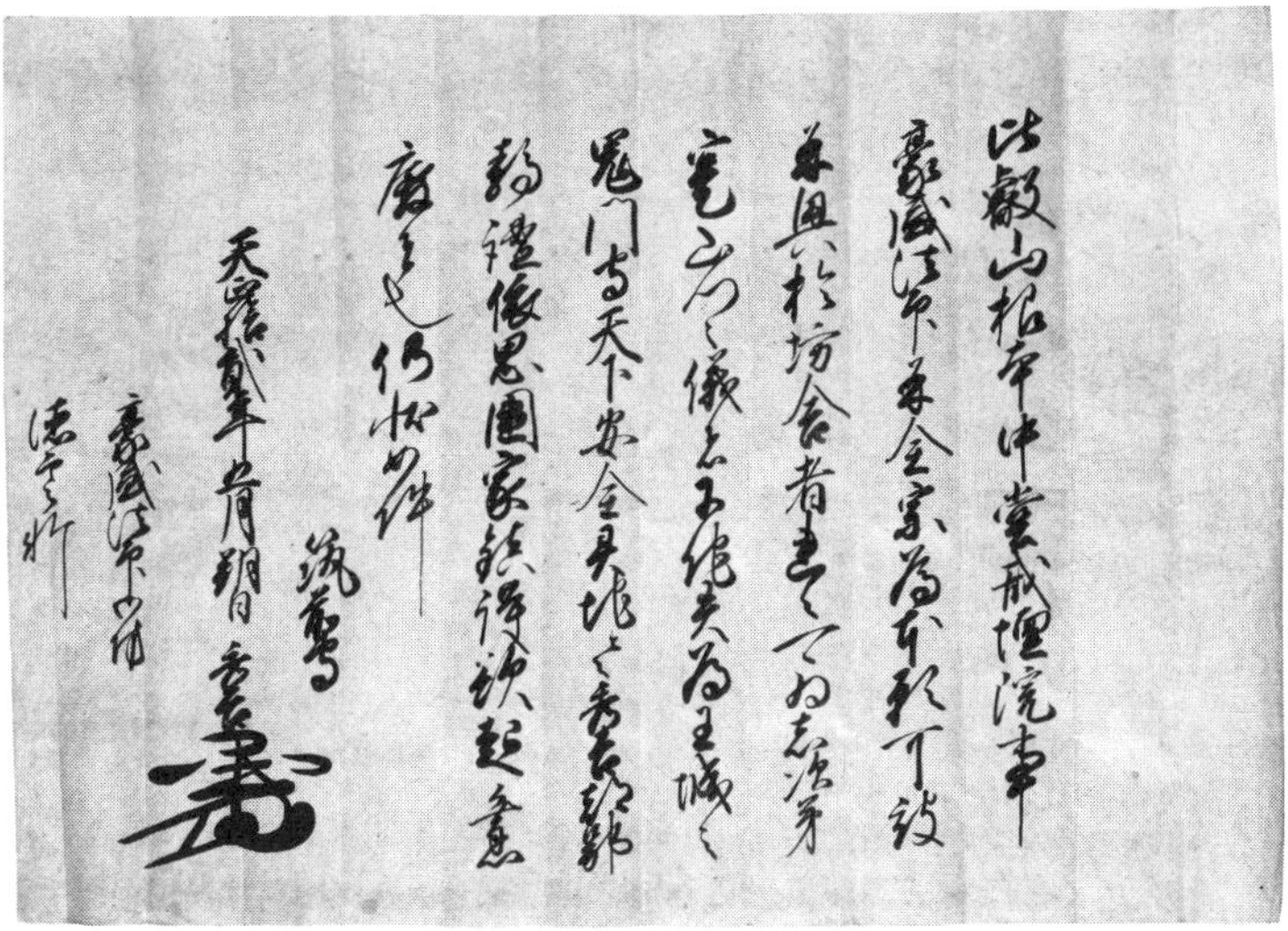

山門再興文書 羽柴秀吉再興認可状（延暦寺蔵）

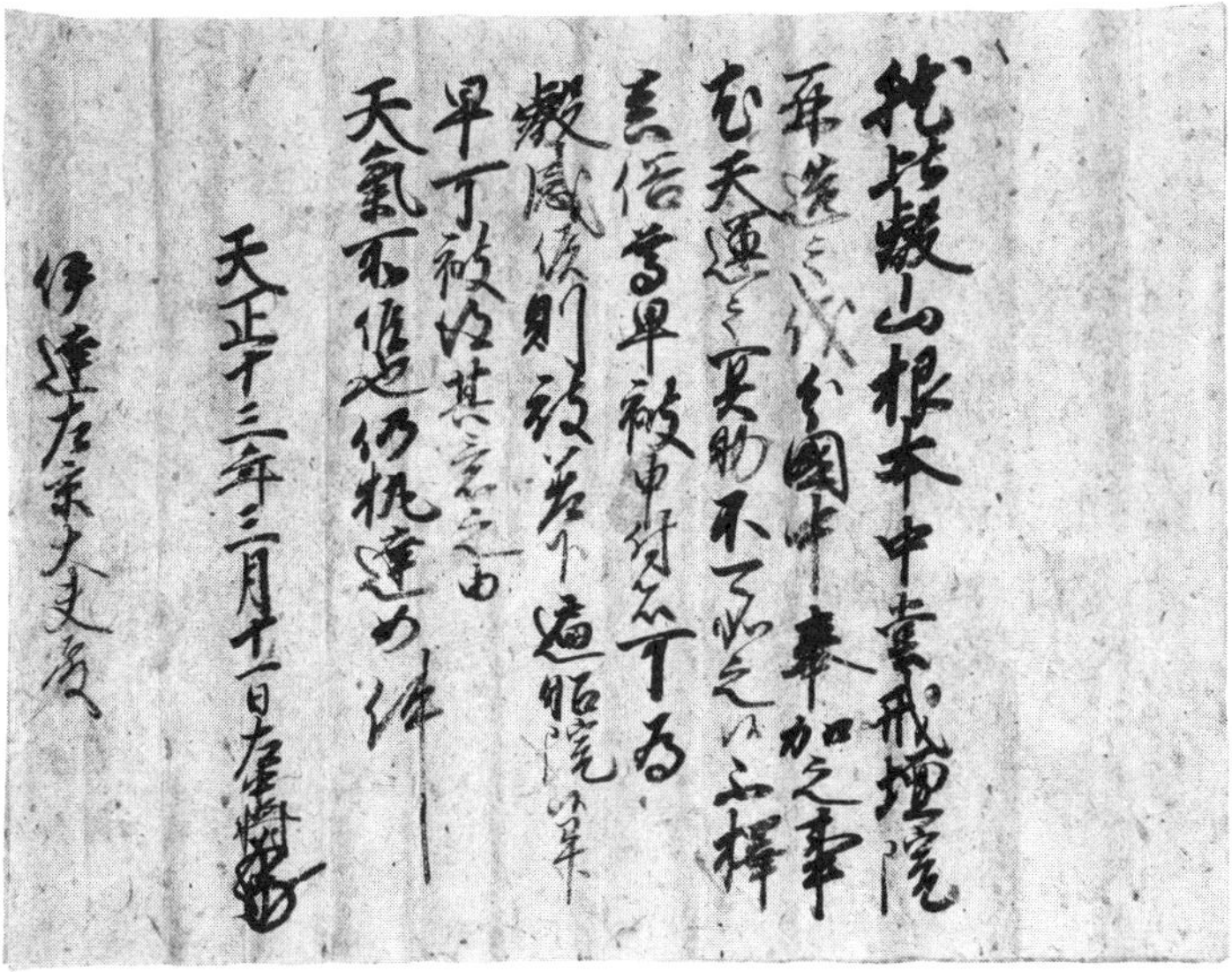

山門再興文書 正親町天皇綸旨（延暦寺蔵）

となる東京帝大の右田半四郎博士に比叡山全体の森林経営について立案を依頼し、その大きな方針に沿って現在に続く比叡山の山林管理が行われていくようになります。江戸期には、数百あった山内の坊それぞれも比叡山の山林の一部を所有していたようですが、山林還付以後、延暦寺が一括して所有し、比叡山全体の森林経営に取り組んでいくようになります。

四　比叡山の森林管理の現状

先述しましたように、明治の右田博士による施業案立案による長期計画に基づいた森林経営が、現在に続く比叡山の森林管理のもととなっています。比叡山の山林は約四八〇ヘクタールの境内林と、約一一五〇ヘクタールの境外林に大別され、管理の方向性が大きく異なっていることが比叡山山林施業の大きな特徴の一つです。所有する山林は境内林、資材林、水源林、観光林、経営林（一般林）、天然林（二次林）のように緩やかなゾーニングがなされ、それら全体を総合して宗教的情操を高める山づくりを目指しています。

寺院にあっての山林施業管理の中で最も重要である諸堂付近の境内林は、現在樹齢二百

〜四百年というスギの巨木を中心とした林相構成となっています。山内の飯室慈忍和尚《いいむろじにんかしょう》廟《びょう》付近のスギは樹齢七百年超ともいわれます。杉木立の中に諸堂が点在し、山上の修行道場であるという宗教的雰囲気を作り出すという主目的以外にも落雷や風害から建造物を保護するという役割も担っています。また、境内にはサクラやモミジ、ウメ、アジサイ、シャクナゲなど、観光的役割を果たす樹種も植えられています。

観光林としては、比叡山・奥比叡ドライブウェイ沿線や三塔参拝道を中心としたサクラやモミジが主力となっています。これらの施策に関しては、両ドライブウェイが主体となって植栽してきたものや単発的な植樹が多く、こういった観光林造りを延暦寺が計画的に行ってきたことはありません。今後は観光資源としての境内林の植樹についても長期的な視野に立った計画的な考察と取組が必要です。

水源涵養林《かんよう》は延暦寺山林施業の大きな特徴の一つです。いくつかの河川が形成される比叡山の森林自体、林野庁制定の「水源の森百選」に選ばれており、四ツ谷川、権現川《ごんげん》、大宮川、足洗川《あしあらい》、雄琴川《おごと》、天神川等の河川となって、生活用水、防火用水、灌漑用水として活かされ、さらには琵琶湖に注いでいます。「水源の森百選」の一つとなっているのは、比叡山が長期にわたる山林施業によって琵琶湖の水源林を形成し、都市近郊型の保健休養

参拝者への観光林としてのモミジ

森林として機能していることが認められた証左と言えます。

このこととは別に、延暦寺独自の課題であるのが延暦寺専用の水源の確保です。あまり知られていることではありませんが、延暦寺（山麓を除く山上全体）では大津市から購入受水していないため、独自で水源を確保し、専用水道として上水から下水までを取り扱っています。山内の二か所を水源として活用しています。この水が全山の防火用水として、また膜濾過処理をして衛生的且つ安全な飲料水となっています。従って水源となる周辺地域の山林は水源涵養林として維持していく必要があります。これらの森は大径木《だいけいぼく》のスギを中心に二段、三段の複層林となっており、広葉樹の植栽もわずかに施業され延暦寺の水源を確保しています。

次に資材林について、延暦寺内の建造物修理に使える部材としてのヒノキやスギなどの確保は常に留意しておく必要があります。長年にわたる山林経営や建造物修理用材として使用されているため、徐々にその数は減っており小面積ですが、大径木を出来る限り後世に残す努力をしています。境内林とは別に資材林としての、樹齢二百年や三百年のヒノキ林やケヤキ林を山内に作っておくことも必要です。特に総本堂である根本中堂《こんぽんちゅうどう》はケヤキを主な部材としており、回廊のとち葺《ぶ》きには大量のサワラが使用されています。国内の文

比叡山の経営林

スギ大径木の調査

化財修理に耐えうる様々な樹種の大径木はその資源が限られており、文化の継承という観点からも、近年はケヤキの森づくりも始めていますが、まだ取り組み始めたところですので試行錯誤を繰り返している状況です。

比叡山の植物相は非常に豊富なことで知られ、暖帯、温帯下部の植物を中心に双子葉類、単子葉類、裸子植物、シダ植物など一〇〇〇種近く報告されています。[6] しかし、後述する獣害の影響により林相が大きく変化してきており、比叡山では見られなくなった樹種もたくさんあります。私が先輩方から伝え聞いている話では、「エイザン」を冠する植物が四種あり、「エイザンスミレ」、「エイザンユリ」、「エイザンゴケ」、「エイザンカタバミ」が挙げられます。この中で最も著名なのは「エイザンスミレ」で、全国各地に咲いており、比叡山でもよく見かけることができます。「エイザンゴケ」は「クラマゴケ」の別名で、こちらもよく見かけられます。「エイザンカタバミ」も広く分布しているので、よく見かけることができます。「エイザンユリ」については、幕末の書物「山城草木誌」にも登場するユリで、京都府のカテゴリーでは絶滅種、近畿のレッドデータブックにも絶滅危惧種に指定されています。一九六二年頃から見かけられなくなったといわれていますが、二十年ほど前までは比叡山ではたまに見かけられるものでした。ところがその頃から急激に鹿が増えたため、山上でもほとんど見かけることはなくなりました。平成二十四年、千日回峰行者の光永圓道《みつながえんどう》阿闍梨《あじゃり》が、石垣の間に咲いていたエイザンユリを見つけ、土屋和三先生が種子を採取し、宇治の植物園に依頼して育てた株があります。比叡山の野草を代表する名花ですから、大事に育て叡山の豊かな自然を形成する一翼を担ってもらいたいと考えています。

純粋な天然林とは異なりますが、横川御廟《よかわごびょう》や天梯権現《てんだいごんげん》付近のブナ林は学術上の価値も高く、最近でも大学関係者の研究調査が行われています。原始的な植生を想定するのは困難ですが、山麓部の常緑広葉樹林帯、中腹から山腹にかけての常緑広葉樹林帯、その他一部に落葉広葉樹林という構成が想定されます。(7) 現在では、横川御廟や天梯権現のモミ・ブナ林以外にも狩籠《かりごめ》近辺大縦谷のモミ林や無動寺弁天堂周辺、裳立山《もたてやま》付近が二次林としての林相になっていると考えられます。飯室谷地区には大きなシイノキも見られます。現在、それらモミやマツの中で大角塔婆《おおかくとうば》や建造物の部用材として使用することもあります。

最後に延暦寺の保有する山林の八割近くを占める経営林についてですが、従来より延暦寺では七〇〜一〇〇年伐期の長伐期施業を行っています。広大な森林管理の為に昭和二十

エイザンユリ

年前後から取り組まれた林道・作業道の敷設やドライブウェイの開設により、路網密度は約三〇ｍ／haを超え、県の平均以上となっています。延暦寺の森林経営では、必要以上の路網の設置は避けるべきと考えます。地形の形状を見ながら基幹林道から近い有効な場所に土場を設置し、いかに架線を有効に利用した搬出ができるのかを、担当者が考えていくことが非常に重要です。従って基幹となる道は当然必要ですが、小さな現場のための作業路を細かく設置することは個人的には反対です。現行の補助金制度は作業路の敷設に重点を置いており、比叡山の施業にとっては経済的に難しい時代と言えます。とにかく、これらの基幹林道・作業道と架線を組み合わせて搬出を行い、これが山林における収入の主体となります。しかし近年の木材価格の低迷により、その収入は三十年前の一〇分の一以下となっています。また獣害による被害が著しく、鹿害対策として防護柵の設置や、兎害対策として苗木一本ごとの保護などを施していますが、完全に防ぐことは不可能に近く、木材価格の低迷と獣害という二大要因から主伐量が激減、結果として山林の循環に支障をきたしているのが現状です。さらに山内にたくさんの防護柵が設置され、今後間伐等の施業に支障をきたすことが予想され、環境面や景観面からも不安が残ります。

また、ヒノキ二世代、三世代と更新されることによる土壌が痩せ荒廃することに対して

防護柵が設置された経営林

も不安が残ります。山林の七割近くを占めるヒノキはその他の植生を阻害するため、土壌が痩せていく傾向にあります。これについては学術的な調査はされたことがありません。

近年の山林施業施策における大きな課題の一つとしてドライブウェイ、ケーブル沿線の施業が挙げられます。すなわち景観の良好さに配慮するサービスの重要性は理解いたしますが、単なるモミジなどの観光林とすることは危険と経済的負担を伴います。はたまた現実的にはドライブウェイより尾根側や、ケーブルの軌道周辺は搬出する際に土石の崩落や流出の危険があり容易に施業を行うことができません。木材価格が高騰している時代であれば、費用をかけてでも搬出することは可能であったかもしれませんが、現在の状況ではそれも費用に見合わず、困難といえます。これらの区域については部分的な広葉樹等への樹種変換も視野に入れても良いかと考えます。

五　まとめ

以上のように、一口に比叡山の森と言いましても様々な性格を併せ持っています。大事なことは、比叡山は延暦寺とともに千二百年を歩んできたために、延暦寺の都合の良い森になってしまったことです。今から比叡山を完全な天然林にすることはできません。ということは、関係する者たちが、責任感を持って取り組んでいかなければならないということです。現在の比叡山の山林がかかえる問題は全国的に共通するものもあれば比叡山独自のものもあります。その問題すべてを短期に解決することはおそらく不可能でしょう。諸問題の中、一番重要なことは比叡山の山林に対してどういった将来像を持つかということではないでしょうか。延暦寺管理部では「御山を御大師様の体と思い、御山の木々を御大師様の衣と考えよ」という意識のもとで作業することが伝統となって、伐採と植栽を繰り返しながら森林循環させ、比叡山を活用してまいりました。我々が先人先輩がたから受け継いだ比叡山を次の世代に伝えることは我々の使命でもあり、百年後も千年後も胸を張って参拝していただけるような比叡山を護っていかなければなりません。

最初に申し上げましたように、「山」という言葉だけで比叡山延暦寺を指します。私たち延暦寺にかかわるものは、比叡山に生かされていることを感じる機会は非常に多いです。延暦寺の者だけではなく、比叡山を訪れるすべての方、麓から比叡山を見上げる方々にいつまでも親しみと森厳を感じる「御山」であることが、現代において延暦寺に課せられた使命であると受け止めていかなければならないと感じています。

注

（1）岩波書店『広辞苑　第五版』の「山」からの引用。
（2）『日本古典文学大系』本（岩波書店）、一一〇頁。
（3）『日本古典文学大系』本（岩波書店）、一六八頁。
（4）『大正藏』四六・三六頁ａ。
（5）『伝教大師全集』巻五・四八〇頁。
（6）『比叡山―その自然と人文―』（京都新聞社）、二七頁。
（7）『比叡山―その自然と人文―』（京都新聞社）、二九頁。

辰張忌考

比叡山の山林を巡る明治時代の行政裁判について

天台宗典編纂所編輯員
吉田慈順

一　辰張忌とは

日本天台宗の総本山比叡山延暦寺では、日々数多くの法要が営まれています。今回お話しする「辰張忌《しんちょうき》」というのは、例年十二月二十二日、東塔《とうどう》の大講堂《だいこうどう》で修されている法要です。年末の鬼追《おにお》い式《しき》・除夜《じょや》の鐘《かね》を除けば、延暦寺の年間法要の最後を締めくくる法要となります。

ところで、この辰張忌の「辰張」という言葉、見慣れない言葉ですが、これは何のことでしょうか。また、辰張忌とは何を目的とした法要なのでしょうか。実はこの法要は、本書のテーマである「比叡山の仏教と植生」にも密接に関わるものなのです。そこで今回は、この法要を巡る種々の事柄について、しばらくお話しさせていただきたいと思います。はじめに、この辰張忌という法要がいかなる法要であるかについて確認しておきましょう。

現在、辰張忌については、大きく二通りの解説が確認されます。第一は、これを織田信長（一五三四—八二）に関係する法要とするもの。第二は、明治時代の行政裁判に由来する法要とするものです。信長に関係する法要と明治時代の裁判に由来する法要とでは、その意味するところがまったく異なりますので、どちらかの解説がおかしいということになるでしょう。そこで、まずはこの二種の解説について順に確認してみましょう。

辰張忌を信長と関連付けるものは、一般書やインターネット上の解説に多く見られます。紙数に限りがありますので、今回は代表的なものを一点だけ紹介しましょう。小説家・徳《とく》永《なが》真一郎《しんいちろう》氏（一九一四―二〇〇一）の『近江歴史散歩』からの一節です。

ところが、この信長の焼き討ちに対する叡山側の考え方は、一般の想像しているものとは少し違うようだ。それは、この焼き討ちを叡山自身の反省にしていることである。……この気持ちをいまに伝えるものに「辰張忌」（しんちょうき）がある。辰張というのは、寺伝によれば、比叡山のむかしの持ち主で、十年間借りると寺側が約束しながら十の上に「ノ」の字を加えて千年ということにしてしまったので、憤死した。信長（音読すればしんちょう）は辰張の生まれ代わりで、千年前の怒りをぶちまけたものである。つまり信長の焼き打ちは辰張のたたりという解釈から、毎年十二月二十二日、辰張忌の法要を一山で営んでいるというのである。(1)

何とも興味の引かれる話ですが、この徳永氏の解説によるのであれば、辰張忌は辰張（信長）の祟《たた》りを鎮《しず》めるための慰霊《いれい》法要ということになるでしょう。ここで徳永氏は、辰張を「比叡山のむかしの持ち主」と記されていますが、この辰張なる人物は、日本天台宗の開祖・伝教大師最澄（七六七―八二二）の著作をはじめ、その伝記や直弟子達の著作、さらには後世に編まれた伝記類の中にもその名を見出すことができません。では、徳永氏が紹介されるような話はどこから出てきたものなのかというと、あくまでも私の調べた限りではありますが、昭和三年（一九二八）に出版された硲《はざま》慈弘《じこう》師（一八九五―一九四六）の『伝説の比叡山』の記述が最も古いもののようです。

振《ママ》張の恨みと信長の兵難

延暦寺において毎年十二月二十五《ママ》日に、振張忌というのが行われているし、また滋賀郡苗鹿《のうか》村の神社には、振張が奉納したという宝剣一ふりあるとも聞くが、如何《いか》なる人なのか知る由もない。しかし極めて波瀾《はらん》に富むわが叡山史の上には此の伝説は極めて面白いものだと思う。

最澄和尚《かしょう》が、叡山にその法城の礎《いしずえ》を開くについては、ずっと以前から此の山を主宰していた振張という者から、十年間の契約をもってこれを借り受けたのであった。しかるに其の際とりかわされた契約書は、いつの間にか十に一点を加えて千年と変っていた。

その後、最澄和尚の掲げた法灯はいよいよその光を増し、比叡の教団はますますその外線を張った。しかし叡山が時の流れとともに、盛《さかん》になればなる程、独り鬱憤をつのらせる者は彼れ振張であった。

やがて幾百年の歳月も水の流るる如く過ぎて、元亀天正の年となるや、さすがに強大な勢力を誇っていた叡山も、一朝、織田信長の兵火に罹って、またたく暇《ま》に全山焼土とかわり果てた。

最澄和尚の叡山借り受けの契約違反に対するシンチョウ（振張）の恨みは、今やシンチョウ（信長）の兵難となって報いられたのであるといわるる。(2)

裕師が紹介される伝説には、振（辰）張が比叡山の主宰者であったこと、契約書の「十」が「千」に改竄《かいざん》されたこと、字音が共通することから信長の焼き討ちを辰張の恨みと見ること等、これが先の徳永氏の解説に参照され、引き継がれていったことが確認されます。ただし、硲師が「如何なる人なのか知る由もない」とされているように、辰張なる人物についての詳細は不明であり、当時の延暦寺に伝わっていた一伝説と見るより他ないようです。

次に、辰張忌を明治時代の裁判と関連付けて解説するものを確認していきましょう。天台宗の儀式作法の解説書『天台宗実践叢書』には、辰張忌について次のように解説されています。

期　日……十二月二十二日
法儀名称……辰張忌
会　場……大講堂《だいこうどう》
法儀の由来、趣旨……明治の廃仏毀釈《はいぶつきしゃく》により没収された山林が同四十一年十二月二十二日に還付《かんぷ》された日を記念して、一山総出で法華三昧《ほっけざんまい》を修す。(3)

先に見た徳永氏の解説とはまったく異なり、こちらでは、辰張忌を明治四十一年(一九〇八)に山林が還付されたことを記念する法要と解説しているのです。また、この明治四十一年の山林還付については、天台座主《てんだいざす》の言行録として編纂された『天台座主記』や、中外日報社が発行する宗教専門紙『中外日報』にも確認されます。(4)

『**天台座主記**』(**第二百四十三世天台座主・山岡観澄《やまおかかんちょう》師代**)※( )内、ルビは筆者

(明治四十一年)十二月二十二日、元延暦寺境内地《けいだい》にして、維新の際国有林となれる千百二十八町歩は、行政裁判所に於て無償還付すべきものと判決されたり〈翌四十二年五月、大阪大林区署より其の引継を了せり(5)〉

『**中外日報**』(**明治四十一年十二月二十七日**)※( )内、ルビは筆者

●延暦寺の勝訴

比叡山延暦寺一山の所有地たる比叡山森林一千百二十八町歩は、明治八年(一八七五)地租改正《ちそかいせい》の際、官有地となりしを以て、同寺は二十七年(一八九四)中、農商務省に向って該森林下戻《したもどし》の申請を為したるが、当時不許可の指令あり。直《ただち》に農商務大臣を被告として、行政裁判所へ出訴中の所、本月二十三日、前記一千百二十八町歩の内百八町歩は滋賀郡雄琴《おごと》村大字千野《ちの》・苗鹿《のうか》、二字の係争地なるを以て之《これ》を除き、残一

千二十町歩は延暦寺一山の所有地たる判決言渡《いいわたし》あり。延暦寺の勝訴となりたり。

さて、以上の二通りの解説について、ここで一旦情報をまとめておきましょう。

解説①

辰張忌は、辰張（信長）の慰霊法要である。

辰張は、かつて比叡山の持ち主だった人物。十年の契約で延暦寺に比叡山を貸したが、延暦寺側が「十」に「ノ《へつ》」を加えて「千」と改竄したため、憤慨のうちに死んでしまった。この辰張の生まれ変わりが信長で、両者の名は字音が同じく「シンチョウ」である。信長による延暦寺の焼き討ちは、延暦寺の不義理に対する辰張の祟りによるものであり、これを鎮めるために、延暦寺では毎年辰張忌を営んでいる。

解説②

辰張忌は、明治四十一年の山林還付を記念して営まれる法要である。

明治八年（一八七五）、比叡山の森林が官有化された。延暦寺は下戻しを申請したが却下され、農商務大臣を被告として行政裁判所へ提訴した。その結果、明治四十一年十二月二十二日に延暦寺勝訴の判決が下され、森林の還付が認められることとなった。延暦寺では、これを記念して例年辰張忌を営んでいる。

以上、辰張忌に関する二種の解説について確認してきましたが、このあたりが机上での調査の限界であろうかと思います。辰張忌という法要がどういったものであるのかを知るには、やはり実際の辰張忌を確認するのが確実なところでしょう。そこで、私は去る平成三十年(二〇一八)十二月二十二日、延暦寺で営まれた辰張忌を実地に確認してきました。次に、これによって得られたところについてお話しします。

二　辰張忌の実際と社寺領上知令

平成三十年は、全国的に冷え込む日の多い冬でした。辰張忌が営まれた十二月二十二日は、幸いなことに比較的暖かい日でありましたが、それでも、会場の大講堂は室温八度と底冷えのする寒さでした。午前十時半、延暦寺一山寺院の住職方が総出仕《そうしゅっし》で大講堂に入堂され、天台座主《てんだいざす》・森川宏映猊下《もりかわこうえいげいか》を大導師のもと、「法華三昧《ほっけざんまい》」（法華懺法《ほっけせんぼう》）によって、辰張忌が厳《おごそ》かに営まれました。注目すべきは、辰張忌において祀《まつ》られた位牌《いはい》と、読み上げられた以下の霊位です。

①志麻田《しまだ》辰張氏　志順院大法辰張居士《しじゅんいんだいほうしんちょうこじ》　千百九十四回忌
②原嘉道《はらよしみち》氏　謙徳院殿明法嘉道大居士《けんとくいんでんみょうほうかどうだいこじ》　七十六回忌
③大隈重信《おおくましげのぶ》氏　純誠院殿義海全功大居士《じゅんせいいんでんぎかいぜんこうだいこじ》　九十八回忌
④増野真二《ますのしんじ》氏　実相院清誉誠真居士《じっそういんせいよせいしんこじ》　百九回忌
⑤赤松円麟《あかまつえんりん》師　崇叡心院已講大僧正円麟大和尚《すうえいしんいんいこうだいそうじょうえんりんだいかしょう》　七十四回忌
⑥大森亮順《おおもりりょうじゅん》師　無畏心院探題大僧正亮順大和尚《むいしんいんたんだいだいそうじょうりょうじゅんだいかしょう》　七十一回忌

ここに挙げたとおり、辰張忌で祀られる霊位は、件の辰張（志麻田辰張氏）の他は、いずれも明治・大正期の人物となっており、ここに信長やその焼き討ちと関係する人物は一人として含まれていません。つまり、辰張忌は、先に見た二種の解説の前者、「信長に関係する法要」ではないということになります。

そうなりますと、辰張忌は、明治四十一年の山林還付を記念する法要ということになるわけですが、この明治四十一年の山林還付とはどのような出来事だったのでしょうか。次に、この点について検討していきましょう。

神仏判然令《しんぶつはんぜんれい》（神仏分離令《ぶんり》）をはじめ、明治維新が時の仏教各宗に与えた影響には甚大なものがありました。いま、これらについて詳しく述べることは控えますが、辰張忌に直接関わるものとしては、明治四年（一八七一）一月五日に公布された「社寺領上知令《しゃじりょうあげちれい》」という制度があります。(6) ※ルビは筆者

諸国社寺、由緒の有無に拘《かか》わらず、朱印地《しゅいんち》・除地《じょち》等、従前の通り下し置かれ候処《そうろうところ》、各籍、版籍奉還《はんせきほうかん》の末、社寺のみ土地、人民私有の姿に相成《あいな》り、不相当の事に付き、今度、社寺領は現在の境内《けいだい》を除くの外、一般上知を仰《おお》せ付けられ、追って相当の禄制《ろくせい》を相定められ、更に廩米《りんまい》を以て下賜《かし》すべき事。(7)……

ご存知の通り、慶応三年（一八六七）の大政奉還《たいせいほうかん》、明治二年（一八六九）の版籍奉還によって、徳川幕府や各藩主の領有地は、国の所有に組み込まれることになりました。一方、

辰張忌の様子（提供：岩本浩太郎氏〈中外日報社〉）

この時点では、神社や寺院が領する土地については旧来のままとなっており、広大な領地を有する社寺も少なくありませんでした。社寺領上知令はこれを「不相当」として公布されたものであり、社寺の領有地について、境内地以外をすべて政府に上知するよう命じるものでした。

当時、社寺の多くは、伽藍《がらん》の維持にかかる費用の大部分を領有森林の伐採・売却に頼っていたため、この上知令の影響は極めて大きいものがありました。延暦寺に関していえば、一山の総本堂である根本中堂《こんぽんちゅうどう》の場合、本堂のみが境内地とされたため、雨垂れ落ちを除く全ての土地が上知の対象となったのです。これによって、伽藍の修復維持にかかる費用を捻出する術を奪われた延暦寺は、急速に荒廃の一途をたどることになります。

さて、そのような中、まさに生涯を賭して延暦寺の復興に尽力した僧侶が現れます。後に第二百三十六世天台座主となる村田寂順《むらたじゃくじゅん》師（一八三八―一九〇五）です。

三　村田寂順師と大隈重信氏の邂逅

村田師は、天保九年、島根郡北田町《きたた》（島根県松江市北田町）の生まれ。十歳で出家し鰐《がく》淵寺《えんじ》（島根県出雲市）に入ります。明治元年（一八六八）五月、日吉大社《ひよしたいしゃ》における廃仏毀釈を聞いて急ぎ延暦寺へ駆けつけ、神仏分離の停止を求める建言書《けんげんしょ》「報国微言《ほうこくびげん》」を提出。以来、各宗共同会議等を通じて仏教復興のために尽力し、明治十四年に善光寺大勧進《ぜんこうじだいかんじん》、同二十九年に天台座主の要職に就かれました。明治三十八年十月二十九日、享年六十八歳で遷化《せんげ》されます。村田師が延暦寺の復興に果たした役割は枚挙に暇がないほどで、後世、その功績を慕って「今天海《いまてんかい》」と称されています。(8)

さて、村田師による延暦寺復興の糸口となったのが、時の大蔵卿《おおくらきょう》であった大隈重信《おおくましげのぶ》氏（一八三八―一九二二）との邂逅《かいこう》です。明治十一年（一八七八）十月、村田師は、太政《だじょう》大臣・三条実美《さんじょうさねとみ》氏（一八三七―九一）と右大臣・岩倉具視《いわくらともみ》氏（一八二五―八三）へ明治天皇の延暦寺御登臨《ごとうりん》を懇請《こんせい》します。天皇の御登叡《ごとうえい》こそ実現されなかったものの、この懇請によって、勅使《ちょくし》として大隈氏が延暦寺に派遣されることになったのです。延暦寺の荒廃した様を目の当たりにした大隈氏は、翌年、三条氏に対して次のような建議書を提出しています。※（ ）内、ルビは筆者

客歳《かくさい》十月、……重信勅諭《ちょくゆ》を奉じ、宮内大輔《くないたいふ》・杉孫七郎《すぎまごしちろう》（一八三五―一九二〇）等、数

村田寂順師（貴志寂忍編『随縁迹』）

名の官員を率い比叡山に登り、東塔止観院《しかんいん》・大講堂・戒壇院《かいだんいん》、及《および》、浄土院《じょうどいん》を巡覧し、東坂本に下り滋賀院《しがいん》に詣《もうで》る時に、陰雲《いんうん》、岳《がく》を蔽《おお》い、強雨、荐《しき》りに臻《いた》る。故を以《もっ》て、西塔宝幢院《さいとうほうどういん》・横川楞厳院《よかわりょうごんいん》等、全境の各坊を歴覧《れきらん》する能はずと雖《いえども》、概《おおむ》ね山内の勝地を跋渉《ばっしょう》して、大観《たいかん》の旧趾《きゅうし》を実視《じっし》することを得たり。実《まこと》に今昔の感に勝《た》えず。……明治維新、庶政更革《しょせいこうかく》の際、……山境の内外を区別し、境外《けいがい》土地山林を官に収む。是《ここ》に於て、其営築《そのえいちく》・修繕《しゅうぜん》に供する資本は全く欠乏し、山内保存の道、始めて絶つ。是を以て堂宇《どうう》は頽傾《たいけい》し、山院は荒廃し、其甚《そのはなはだ》しき、戒壇院の如き、棟架腐朽《とうかふきゅう》、雨潦《うろう》（注：雨水《あまみず》のこと）室に満つ。斯日《このひ》重信が目撃する所のものなり。抑《そもそ》も、本山は延暦年間桓武帝《かんむてい》の草創より、爾来《じらい》、歴朝《れきちょう》の尊崇に係り、我国の治乱興廃に関する事最も多しとす。……国史の最も欠くべからざる所にして、国光の美、最も貴重せずんばある可《べ》からざるものなり。……此際《このさい》、本山に限り、特典を以て聊《いささ》か勧財の道を開き、全国帰依信仰者の力を頼み、金を醸《かも》し材《ざい》を鳩《あつ》め、之を資本となし、自今《じこん》堂塔を漸修追補《ぜんしゅうついほ》するときは、亦《また》以て山内の現状をして、多く荒廃に属せざらしむべし。[9]……

この大隈氏の建議が端緒となり、延暦寺の伽藍修復が急速に進展することになります。

大隈重信氏
(『近世名士写真 其二』)

修復を終えた根本中堂
(赤松円麟『比叡山写真帖』)

明治十四年（一八八一）には「崇叡会《すうえいかい》」が組織され、久邇宮朝彦親王《くにのみやあさひこしんのう》（一八二四―九一）が会長に就任、修繕費用の勧進が進められます。また、同年十二月には宮内省より金一千円が下賜《かし》され、同十六年には内務省より金二千円が下附されています。これらによって伽藍の修繕が前進し、明治二十三年には全山の修復が完成、旧来の景観が取りもどされることになったのです。

さて、喫緊《きっきん》の課題であった伽藍の修復については、右記のごとく一段落を見るのですが、その後も、先の上知令によって官有化された山林の還付を目指して積極的な活動がつづけられます。その際、この活動の中心となって活躍した人物が、赤松円麟《あかまつえんりん》師（一八六六―一九三七）です。

四　国有土地森林原野下戻法と行政裁判

赤松師は、慶応二年、尾張国中島《なかしま》郡下津《おりづ》村（愛知県稲沢市）の生まれ。十七歳で出家し、二十七歳の時に天台座主（天台宗管長）・赤松光映《こうえい》師（一八一九―九五）の養子となって、延暦寺に籍を移されます。比叡山の山林還付に際しては、その中心人物となって尽力され、山林還付が叶って以降も、昭和二年（一九二七）より延暦寺執行の要職に就き、大書院の建築（実業家・村井《むらい》吉兵衛《きちべえ》氏〈一八六四―一九二六〉の邸宅を移築再建）の大事業を実現されます。その他、叡山流御詠歌福聚教会《えいざんりゅうごえいかふくじゅきょうかい》・延暦寺檀信徒会《だんしんとかい》の設立等、延暦寺の護持運営に邁進され、滋賀院門跡・青蓮院《しょうれんいん》門跡を歴任後、昭和十二年五月二十一日に遷化、享年七十二歳でした(10)。

さて、上知令によって官有とされた山林については、明治三十二年（一八九九）に大きな進展が見られます。この年の四月十七日、「国有土地森林原野下戻法《こくゆうとちしんりんげんやしたもどしほう》」という法律が公布されたのです。※ルビは筆者

第一条　地租改正《ちそかいせい》、又は社寺上地処分に依り官有に編入せられ、現に国有に属する土地森林原野、若《も》しは立木竹は、其の処分の当時、之に付き所有、又は分収の事実ありたる者は、此の法律に依り、明治三十三年六月三十日迄に主務大臣に下戻の申請を為すことを得。……

第二条　下戻の申請を為す者は、第一条の事実を証する為、少くとも左の書面の一を添付することを要す。

一　公簿、若は公書に依り、所有、又は分収の事実を証するもの。……

第三条　前条の証拠書類にして、所有、又は分収の事実を証するに足ると認むるときは、主務大臣は其の下戻を為すべし。……

第六条　下戻申請に対し不許可の処分を受けたる者、其の処分に不服あるときは行政裁判所に出訴することを得。[11]……

「国有土地森林原野下戻法」は、官有化された山林の下戻し申請に関するものですが、その適用範囲は極めて限定的なものだったため、ほとんどすべての申請が却下されることになります。そこで、申請を却下された仏教側は、第六条「下戻申請に対し不許可の処分を受けたる者、其の処分に不服あるときは行政裁判所に出訴することを得」に基づいて行政裁判を提訴することになったのです。延暦寺も同様で、比叡山山林の下戻し申請が却下されたため、行政裁判に踏み切ることになります。

さて、そのような中、明治四十一年（一九〇八）、弁護士・鳩山和夫《はとやまかずお》氏（一八五六―一九一一）を訴訟代理人とする行政裁判「一乗寺山林下戻請求事件」において、山林を原告（一乗寺）に下戻すべしという画期的な判決が下されます。そして、この判決が嚆矢《こうし》となり、以降、仏教側の請求を認める判決が相次いで示されることとなるのです。これによって、比叡山の山林を巡る行政裁判についても、ついに延暦寺側勝訴の判決が下され、その下戻しが認められることになります。

では、その判決記録を確認してみましょう。紙数の都合上、引用は辰張忌と直接関係する部分のみとしますが、それでもやや長文です。※ルビは筆者

○上地山林下戻請求の訴　明治三十七年第千九号明治四十一年十二月二十二日第三部宣告

原告　滋賀県滋賀郡坂本村　延暦寺
右代表者　同寺住職　山岡観澄
訴訟代理人　弁護士　原嘉道
同　弁護士　太田資時
同　弁護士　大西孝次郎
被告　農商務大臣男爵　大浦兼武
訴訟代理人　弁護士　鈴木充美

主　文

被告は、滋賀県近江国滋賀郡坂本村大字《おおあざ》坂本比叡山官林九百九十四町一反八畝十五歩《たんせ》、同上牛尾山《うしおやま》官林十三町五反二十五歩、同上早尾山《はやおやま》官林一町六反八畝八歩、京都府山城国愛宕郡修学院村《おたぎぐんしゅうがくいんむら》大字一乗寺比叡山の内官林二十一町二反五畝歩、同上大字高野《たかの》比叡山尸羅ヶ谷《しらがたに》官林二十五町七反四畝二十三歩、同上八瀬村《やせむら》比叡山八町官林六十町五反五畝十七歩、同上比叡山大黒谷《だいこくだに》官林十一町一反八畝十五歩を、立木共原告に下戻すべし。

其余の原告の請求相立たず。

訴訟費用は之《これ》を十分し、其《その》九分を被告に於て、其一分を原告に於て負担すべし

事　実

原告、事実上供述の要領は、本訴係争地は、古来原告寺の境内にして、原告等の自由進退に属し、其地上立木は原告寺の風致《ふうち》を維持し、兼《かね》て其所属の堂塔伽藍修繕《しゅうぜん》の用に供する為《た》め、寺費を以て植栽したるものなり。而して其所有の原因は、延暦年間、原告寺創立の際、志麻田辰張なる者より大部分の寄付を受け、又其幾部《いく》は、千野村《ちのむら》・苗鹿村《のうかむら》、外《ほか》数村より寄付を受けたるものにして、曾《かつ》て織田信長の為に、堂塔伽藍は悉《ことごと》く皆焼払われたるも、係争地は没収せらるることなく、自由に進退し来りたり。尚《なお》、

原告寺は、全然無比《むひ》の名刹《めいさつ》なる為め、豊臣・徳川両家より、合《あわせて》五千石の寄付を受けたれども、是《これ》全く係争地に関係なき寺領なり。然るに明治の初年、共に上地処分を受けたるに付、爰《ここ》に本訴を提出したる次第なり。……

被告、事実上供述の要領は、原告寺が、係争地の大部分を比叡山一円として寄付を受けたりと主張する志麻田辰張は実在人たりしとの立証なければ、之を宗教上の異人と認むるの外なく、又、其他の部分は、千野・苗鹿、其他の部落より寄付せられたることを証する法灯、及《および》続法灯は、原告自家作成に係り、所謂《いわゆる》縁起に斉《ひと》しきものなれば、信用するに足らず。要するに、係争地は五千石の朱印地と同じく、原告寺の寺領に過ぎず、決して原告寺の私有地にあらざるなり。……

理由

按《あん》ずるに、成立に争なき、甲第一号証の二に、原告寺の境内は、山端《やまばな》・一乗寺・修学院・八瀬・高野・山中《やまなか》・穴太《あのう》・上坂本《かみさかもと》・下《しも》坂本・乳野《ちの》・苗鹿・仰木《おうぎ》の諸部落、及志麻田辰張より寄附したる土地なることの記載、及甲第二十一号証、志麻田辰張の日枝岳《ひえがたけ》一円寄進牒《きしんちょう》写《うつし》により、係争地は、前示諸部落、及志麻田辰張の寄附に成る原告寺の所有地なりと認定す。然るに被告は、志麻田辰張なる者が実在せりとの立証なければ、宗教的異人と見るの外なしと主張すれども、前示甲第二一号証の寄進帳写、及甲第二十号証の志麻田辰張の後裔なりと称する田村清十郎信尚が、元禄五年中に刀一振を苗鹿下之明神社へ寄付したりとの記載に徴し、志麻田辰張は宗教的異人に非ずして、実在人なることを認むるに足る。被告は、仮に実在人なりとするも、辰張が日枝ヶ岳一円を寄付する権利を有したりや否や明確ならずと主張せり。然《しか》れども、当時、土地台帳、若くは不動産登記に関する制度なきを以て、事実上、土地の占有、及支配は、所有権の実質を形成すること、毫《ごう》も疑《うたがい》を存せず。依て、反証なき限《かぎり》は、志麻田辰張は寄附し得る権利ありしものと認むるを相当とす。況《いわ》んや原告寺は、寄附を受けたる後、現実に之を占有し、爾来《じらい》、数十の堂舎伽藍を建設し、植栽を為し、……明治維新の初年、上地処分を受くる迄《まで》、千有余年の久しき、間断なく自由進退を為し来りたる所より之を観れば、志麻田辰張の寄附に由り、所有権を取得したるものと認むるに充分なるに於てをや。(12)……

長くなりましたので、以下に要点を示しましょう。

まず、この裁判は原告が延暦寺（代表者は天台座主・山岡観澄師）、被告が農商務大臣・

大浦兼武氏（一八五〇─一九一八）として争われたものです。注目したいのは、原告の訴訟代理人三名の中に、弁護士・原嘉道氏（一八六七―一九四四）の名が挙がっている点です。先に、辰張忌おいて祀られる霊位を一覧しましたが、原氏の名はその二番目に挙がっています。

原氏は、東京帝国大学卒業後、農商務省に入り、辞任後は代言人《だいげんにん》（弁護士）として活躍した人物です。中央大学学長、司法大臣、枢密院議長を歴任する等、法曹界の重鎮として殊に著名な人物で、延暦寺の行政裁判当時、すでに民事訴訟の権威としてその名を知られていました。原氏に訴訟代理人を依頼したのは赤松師だったようで、裁判の結果から考えても、その卓見が知られるところでしょう。

さて、この裁判は、下戻しの申請が却下されたことに由来するものであるため、係争地である比叡山が、「国有土地森林原野下戻法」の定めるところの下戻し基準に合致するものであるか否かが問題となりました。延暦寺の場合は、「国有土地森林原野下戻法」の第一条「其の処分の当時、之に付き所有、又は分収の事実ありたる者」に合致するか否か、すなわち、上知令が公布された時点（明治四年）で、比叡山の山林が延暦寺の所有地であったことが認められるか否かという点が争点となったわけです。これに関して、延暦

赤松円麟師
（『比叡山時報』第 158 号）

原 嘉道氏
（黒沢松次郎編『弁護士生活の回顧
〈伝記・原嘉道〉』）

寺側は「比叡山は、延暦年間（七八二―八〇六）に志麻田辰張氏より譲り受けたものである」と主張します。つまり、「比叡山は、朱印地や黒印地といった性格のものではなく、志麻田辰張氏の寄進によって所有してきた延暦寺の私有地である」と主張したわけです。

そこで問題となったのが、この志麻田辰張なる人物の実在性です。被告側の供述に、「志麻田辰張は実在人たりしとの立証なければ、之を宗教上の異人と認むるの外なく」等とあるのがそれで、要すれば、「志麻田辰張という人物が実在したことを証明できない限り、私有地とは認められない」というわけです。

これに対する反論として延暦寺側が提出したのが、①志麻田辰張の寄進牒写（甲第二十一号証）・②志麻田辰張の後裔・田村清十郎信尚が、元禄五年（一六九二）に苗鹿の神社に刀を寄付したという記載（甲第二十号証）の二点の証拠物件です。そして、この証拠物件によって、「志麻田辰張は宗教的異人に非ずして、実在人なる」ことが認められることになったのです。

ところで、この二点の証拠物件は、残念ながら現在の所在が不明となっています。ただし、叡山文庫（滋賀県大津市）には『辰張忌資料集』（内典・洋・九・七二三）の名称で、『志麻田家累代《るいだい》過去帳《かこちょう》』の複写が現存しています。識語《しきご》によると、この過去帳は、寛政八年（一七九六）に正念寺《しょうねんじ》（昭和二十八〈一九五三〉年に蓮台寺《れんだいじ》とともに法光寺《ほうこうじ》〈大津市苗鹿〉に合併）の真照《しんしょう》師（生没年未詳）によって作られ、文久三年（一八六三）に書写されたものであったようです。そして、この過去帳の最初に記されている人物が、天長二年（八二五）七月三日を命日とする「志順院大法辰張居士」です。前に見た通り、これこそが、辰張忌において読み上げられる志麻田辰張氏の戒名に他なりません。

さて、比叡山の山林が延暦寺に下戻されると、赤松師はただちにその維持管理に着手されます。林学者・右田半四郎《みぎたはんしろう》氏（一八六九―一九五一、東京大学名誉教授）に協力を要請し、延暦寺内に営林課を設立、山林経営の基礎を固めることで、その保護・管理の先鞭をつけたのです。赤松師は、この行政裁判を最初期から担当し、訴訟代理人の選定・証拠物件の収集に尽力、また還付が認められて以降は、山林の恒久的な保護事業に積極的に取り組む等、まさにこの一連の問題の立役者といってよい人物です(13)。

五　おわりに

最後に、これまでの検討を踏まえた上で、もう一度辰張忌について考えてみましょう。

繰り返しになりますが、辰張忌において読み上げられる霊位は次の通りです。

①志麻田辰張氏　志順院大法辰張居士
②原嘉道氏　謙徳院殿明法嘉道大居士
③大隈重信氏　純誠院殿義海全功大居士
④増野真二氏　実相院清誉誠真居士
⑤赤松円麟師　崇叡心院已講大僧正円麟大和尚
⑥大森亮順師　無畏心院探題大僧正亮順大和尚

①の志麻田辰張氏は、比叡山を延暦寺に寄付したとされる人物で、その実在性が認められたことが、行政裁判の勝訴へと結びつくことになりました。②の原氏は、行政裁判において訴訟代理人を務めた弁護士、③の大隈氏は、村田師との邂逅を通して、延暦寺復興の糸口を開いた人物です。④の増野真二氏については、残念ながら、どのような人物であったのか不明です。明治二十九年（一八九六）九月八日付の読売新聞に、山口県に住む同名の人物に関する記事が掲載されていますが(14)、同一人物であるか判然としません。⑤の赤松

師は、行政裁判の担当者として尽力し、その後も比叡山の山林管理において中心的な役割を果たした人物です。⑥の大森亮順師（一八七八―一九五〇）については、紙数の関係上、本稿で紹介することができませんでしたが、上知令によって官有化された浅草寺《せんそうじ》（東京都台東区）の土地に関する下戻し訴訟を担当し、その還付を果たされた人物です。大森師についても、機会があれば別に報告したいと思います。

さて、このように見ると、辰張忌は、あくまでも明治時代の行政裁判に由来する法要なのであり、これを信長に関係する法要と見るのは誤りであると結論づけることができるでしょう。辰張忌は、明治という激動の時代にあって、延暦寺、延いては仏教の復興に尽力した先人を顕彰する法要なのであり、現在においても、その目的のもとに毎年営まれているのです。

最後に、天台宗の機関誌『天台』から、比叡山の山林還付を報じる記事を紹介しておきたいと思います。※ルビは筆者

◎比叡山山林下戻事件の勝訴

本宗総本山比叡山延暦寺に於ては、去明治三十三年中、土地山林下戻法に基き、同山

林一千二百町歩余の下戻を農商務省に申請したるも、同省の認可する所とならず、明治三十七年中、申請願書却下の不幸を見るに至れり。依て本山担当局者は、直ちに行政裁判所に出訴し、以来、五年間に亙《わた》り、種々苦心経営し、昨年中、数回の弁論開廷を経て、漸次、延暦寺に有利なる傾向を顕わし来りたるが、其結果、去臘、行政裁判所評定官の実地臨検となり、遂に昨年十二月二十二日、行政裁判所に於て原告（比叡山延暦寺）勝訴の宣告を受け、比叡山山林一千百二十八町歩は、茲に全く総本山の所有に帰することとなりたり。吾人は謹《つつしん》で叡祖の『我立杣《わがたつそま》』の御詠を三唱し、宗運開展の吉祥、祖山復興の曙光《しょこう》として、これを読者諸彦に報道す(15)。

ここに挙げられる「我立杣」というのは、伝教大師最澄の和歌と伝えられる次のものです。

阿耨多羅三藐三菩提《あのくたらさみやくさぼじ》の仏《ほとけ》たち　我立杣《わがたつそま》に冥加《めか》あらせ給《たま》へ(16)

この和歌は、延暦七年（七八八）、根本中堂の前身である一乗止観院《いちじょうしかんいん》が建立された際に詠《よ》まれたもので、以来、現在の天台宗においても大切にされています。荒廃した延暦寺の復興に尽力した僧侶や、それに協力した人びとの活動を支えていたのは、比叡山延暦寺が有する幾久しい歴史に対する仰慕の念と、それを絶やしてはならないという使命感に他なりません。「我立杣」は、その歴史の創始を今に伝える和歌なのです。

以上、比叡山の山林を巡る明治時代の行政裁判について、その経過と概要をお話ししてきました。本稿で取りあげた内容は、本書掲載の他の論稿とはやや毛色の異なるものであろうかと思います。しかしながら、「比叡山の仏教と植生」について考える時、比叡山の山林そのものの領有を巡ってなされたこの裁判は、まずもって押さえておくべき重大な出来事の一つであるといってよいでしょう。

この裁判に関わった諸氏や、その具体的な活動については、今後さらに顕彰されてしかるべきものです。ささやかではありますが、小稿がその一助となれば天台宗の末席を汚す者としても幸いです。

注

（1）徳永真一郎『近江歴史散歩』（創元社、一九六六年）、一一二～一一三頁。なお、同様の解説

は、大井広介「琵琶湖と比叡山／ひろすけ新日本風土記（滋賀県の巻）」（『中央公論』第七〇年第一〇月号、一九五五年、一九三頁）、細倉由郎「主要古戦場解説」（愛知県文化財保存振興会『小説信長・秀吉・家康関連資料』泰文堂、一九七三年、五〇一～五〇二頁）にも見られる。また、辰張忌を「怨親平等」の観点から取り扱った研究として、渡辺勝義「日本精神文化の根底にあるもの（五）―怨親平等の鎮魂について―」（『長崎ウエスレヤン大学現代社会学部紀要』第四巻第一号、二〇〇六年）がある。この他に興味を引くところでは、小説家・山岡荘八（一九〇七―七八）の『豊臣秀吉』第四巻（講談社、一九七八年）に、この伝説を再解釈した「慈忍の並木」（二〇七～二一三頁）という一節が含まれている。

（2）硲慈弘『伝説の比叡山』（近江屋書店、一九二八年）、二二一～二二三頁。

（3）天台宗実践叢書編纂委員会『天台宗実践叢書』第七巻（年中行事）（大蔵舎、一九九五年）、一七二頁。

（4）この他、天台宗が刊行する機関誌『四明余霞』第二二巻第一号（明治四二年〈一九〇九〉一月号、扉）や『天台』第六四号（明治四二年一月号、二四頁）にも確認される。

（5）渋谷慈鎧編『校訂増補 天台座主記／二刷』（第一書房、一九九九年）、一〇〇二頁。

（6）本法令に関する研究としては、大石真「いわゆる国有境内地処分法の憲法史的考察―その合憲性の問題に寄せて―」（『法政研究』第六六巻第二号、一九九九年）、大石真「国有境内地処分問題の憲法史的展望」（『宗教法』第三一号、二〇一二年）、林淳「社寺領上知令の影響―「境内」の明治維新―」（岩田真美・桐原健真編著『カミとホトケの幕末維新―交錯する宗教世界―』、法藏館、二〇一八年）が詳細である。また、基礎資料としては、大蔵省管財局編『社寺境内地処分誌』（大蔵財務協会、一九五四年）、文化庁文化部宗務課編『明治以降宗教制度百年史』（原書房、一九八三年）がある。
（7）「明治四年正月五日太政官布告第四号」『法令全書／明治四年』、太政官・五頁。
（8）村田寂順師については、貴志寂忍編『随縁迹』（妙法院門跡事務所、一九〇五年）、山田恵諦「村田寂順」（『明治百年島根の百傑』、島根県教育委員会、一九六八年）、「法灯千二百年の歩み／その十二」（『比叡山時報』第一五八号〈一九七〇年五月八日〉）を参照。
（9）「大隈重信建議書（三条実美宛／明治十二年四月）」（日本史籍協会編『大隈重信関係文書』第三巻、東京大学出版会、一九三三年〈一九八四年復刻再版〉、四六七～四六九頁）。
（10）赤松円麟師については、天台宗東海教区編集委員会編『大覚／赤松円麟大僧正を偲んで』（天台宗東海教区宗務所、二〇一〇年）を参照。
（11）「明治三十二年四月十七日法律九九号」（『法令全書／明治三十二年』、三三五～三三六頁）。
（12）『行政裁判所判決録』第一九輯第一一巻、一四八三～一四八八頁。
（13）この裁判における赤松師の動向については、天台宗東海教区編集委員会編『大覚／赤松円麟大僧正を偲んで』（天台宗東海教区宗務所、二〇一〇年）、「法灯千二百年の歩み／その十二」（『比叡山時報』第一五八号〈一九七〇年五月八日〉）、「法灯千二百年の歩み／その十三」（『比叡山時報』第一五九号〈一九七〇年六月八日〉）に詳しい。
（14）「富山県の児島真人が後裔と確認」（『明治ニュース事典』第五巻、一九八五年）、一六三頁。
（15）『天台』第六四号（明治四二年一月号、二四頁）。
（16）『伝教大師全集』巻五・四七九頁。訓みは、永井義憲「伝教大師の和歌」（「伝教大師研究」編集会『伝教大師研究』、早稲田大学出版部、一九七三年）に従った。

参考文献

赤松円麟『比叡山写真帖』（延暦寺事務所、一九一二年）
大石　真「いわゆる国有境内地処分法の憲法史的考察―その合憲性の問題に寄せて―」（『法政研究』第六六巻第二号、一九九九年）
大石　真「国有境内地処分問題の憲法史的展望」（『宗教法』第三一号、二〇一二年）
大井広介「琵琶湖と比叡山／ひろすけ新日本風土記（滋賀県の巻）」（『中央公論』第七〇年第一〇月号、一九五五年）
大蔵省管財局編『社寺境内地処分誌』（大蔵財務協会、一九五四年）
貴志寂忍編『随縁迹』（妙法院門跡事務所、一九〇五年）
黒沢松次郎編『弁護士生活の回顧（伝記・原嘉道）』（大空社、一九九七年）
渋谷慈鎧編『訂正日本天台宗年表』（第一書房、一九九九年）
渋谷慈鎧編『校訂増補　天台座主記／二刷』（第一書房、一九九九年）
天台宗東海教区編集委員会編『大覚／赤松円麟大僧正を偲んで』（天台宗東海教区宗務所、二〇一〇年）
徳永真一郎『近江歴史散歩』（創元社、一九六六年）
豊田　武『宗教制度史／豊田武著作集第五巻』（吉川弘文館、一九八二年）
永井義憲「伝教大師の和歌」（伝教大師研究編集会編『伝教大師研究』、早稲田大学出版部、一九七三年）
日本史籍協会編『大隈重信関係文書』第三巻（東京大学出版会、一九三三年／一九八四年復刻再版）
硲　慈弘『伝説の比叡山』（近江屋書店、一九二八年、後に天台宗務庁教学部編『趣味の比叡山』

〔天台宗務庁、一九三五年〕に収録）
林　淳「社寺領上知令の影響―「境内」の明治維新―」（岩田真美・桐原健真編著『カミとホトケの幕末維新―交錯する宗教世界―』、法藏館、二〇一八年）
福田　淳「社寺保管林制度の研究（序説）―旧京都営林署管内を事例として―」（『林業経済』第六一巻八号、二〇〇八年）
文化庁文化部宗務課編『明治以降宗教制度百年史』（原書房、一九八三年）
細倉由郎「主要古戦場解説」（愛知県文化財保存振興会編『小説信長・秀吉・家康関連資料』、泰文堂、一九七三年）
村田格山「明治時代に於ける天台宗」（『現代仏教』十周年記念特輯号、一九三三年）
山岡荘八『豊臣秀吉』第四巻（講談社、一九七八年）
山田恵諦「村田寂順」（『明治百年島根の百傑』、島根県教育委員会、一九六八年）
渡辺勝義「日本精神文化の根底にあるもの（五）―怨親平等の鎮魂について―」（『長崎ウエスレヤン大学現代社会学部紀要』第四巻第一号、二〇〇六年）
「延暦寺の勝訴」（『中外日報』〈一九〇八年一二月二七日〉）
「謹賀新禧」（『四明余霞』第二二巻第一号〈明治四十二年一月号〉、一九〇九年）
「雑報」（『天台』第六四号〈明治四二年一月号〉、一九〇九年）
「法灯千二百年の歩み／その十二」（『比叡山時報』第一五八号、〈一九七〇年五月八日〉）
「法灯千二百年の歩み／その十三」（『比叡山時報』第一五九号〈一九七〇年六月八日〉）

＊本稿の執筆に当たって、叡山学院教授・武覚超師より、山林還付の沿革史についてご教授いただ

いた。武師のご教示がなければ本稿の完成はなかったものである。また、同志社大学法科大学院教授の林昭一師には、法学的見地よりご助言を賜った。林師は、天台宗観音寺（滋賀県米原市）のご住職でもあり、まったく門外漢の筆者の疑問に懇切にご回答いただいた。両師の学恩に、この場を借りて心より感謝申し上げたい。言うまでもなく、本稿の内容および見解は全て筆者に属するものであり、その誤りや不備はすべて筆者の責任に帰するものである。

＊引用に際しては、旧字体・歴史的仮名遣い等を通行のものに改め、適宜送り仮名・句読点を補った。

比叡山の森林施業

大師の森を守る

延暦寺一山松寿院住職
武　円超

一　比叡山の山林

比叡山延暦寺は、一六七七ヘクタールの山林を有しており、滋賀県大津市（一四六六ヘクタール）と京都府京都市（二一一ヘクタール）にまたがっています。これは寺領の九七パーセントにも及んでいます。現在では、植林による人工林が約八割、天然林が約二割となっています。また人工林の内訳として、ヒノキが約七割、スギが約三割であり、天然林は、マツ、モミなどが見られます。これら以外に、比叡山には温帯のさまざまな植物が自生し、その数は千種類にものぼるといわれており、鳥類の特別繁殖地にも指定されています。

延暦寺では、明治後期の山林還付以降、所有する山林を境内林《けいだいりん》（四八〇ヘクタール）と境外林《けいがいりん》（一一五三ヘクタール）の大きく二つに分けて管理してきました。境内林は、延暦寺の主要堂宇《どうう》がある東塔《とうどう》、西塔《さいとう》、横川《よかわ》の各地域の周辺であり、お堂の周りに樹齢数百年のスギの大径木《だいけいぼく》が立ち並び、山岳寺院の雰囲気を作り出しています。原生林に近い林分が残っているのもこの境内林が多く、モミ林やブナ林などが見られます。境外林は、境内林の外側となり、一般林管理として、林業経営を中心に考え、ヒノキやスギの植林地となっています。苗木を植えて育て、数回の間伐を行った後、八十年ほどで皆伐《かいばつ》を行い、また苗木を植え育てる循環型の施業が行われています。

二　山林をとりまく環境変化

延暦寺では、木材価格が高かった平成初期のころまでは、林業経営による木材売買により大きな収入を得て、諸堂の改修など寺院経営に充てていました。しかし近年は外国材の輸入増や木材利用の減少などにより、木材価格が低迷しています。そのため、収入減となっているだけでなく、働き手の不足も顕著となっています。最盛期は十社ほどの林業業者が出入りしていましたが、現在では二社にまで減ってしまっています。

また十五年ほど前より、鹿による獣害が広範囲に見られるようになりました。特に苗木の食害が酷く、皆伐後の植栽には、獣害対策が必要となりました。獣害について詳しくは後述します。さらに温暖化の影響により、集中豪雨による山肌崩落が日本各地で起こっています。比叡山は崩れやすい花崗岩質《かこうがん》のため急峻なところが多く、山肌の露出する広い面

琵琶湖から見た比叡山

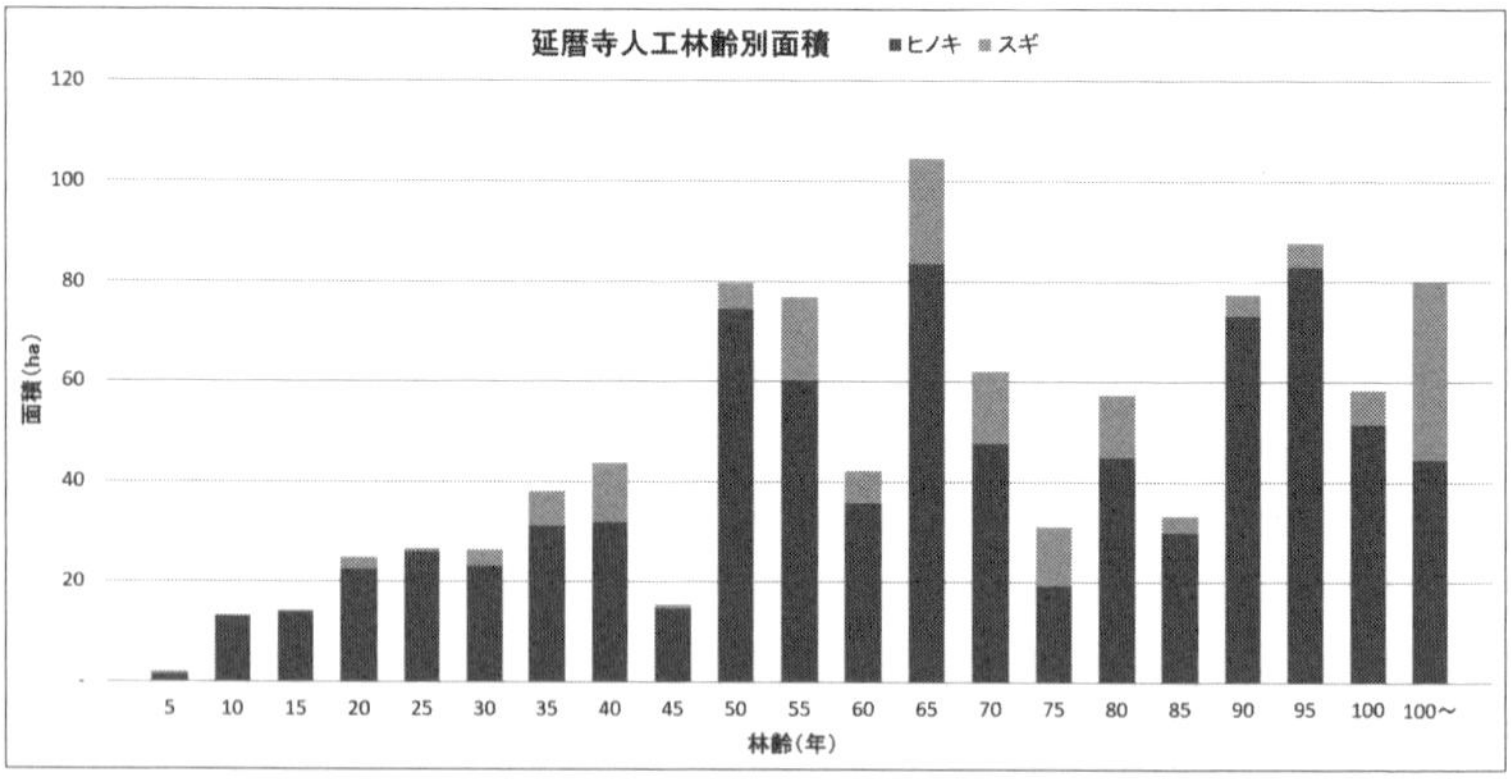

林齢グラフ（平成 30 年森林簿より）

積の皆伐はリスクを負うことになってきました。これらの要因により、十五年ほど前までは、毎年数ヘクタールの再造林（皆伐、植栽）を行っていましたが、ここ十年ほどは数年に一回、小面積（一ヘクタール以下）の再造林しか行っていません。

このように林業をとりまく環境が大きく変化してきたことにより、伐採期を迎えている林分の更新ができなくなりつつあります。比叡山の林齢面積のグラフのように、六十年を超えた林分が多くなってきており、このままでは将来、適正な林分を維持できない可能性があります。また、先に述べた木材価格の大きな上昇は今後も見込めず、獣害対策など山林維持にかかる費用が増えていくのは確実であると考えています。

以上のようなことから、これまでのように林業経営に重きを置いた施業から、山を適正に維持するには何が必要かを考えなければならなくなりました。そこで、まず比叡山の森林をゾーニングし、今まで大きく二つに分けていたものを細分化し、今後二百年、三百年と比叡の山が維持されていく施業計画の基盤を作ろうとしています。

三　山林のゾーニング

これまでは、比叡山の山林を境内林と境外林の二つに分けていましたが、主に境外林を細分化します。図のように境内林には、観光林を追加し、境外林は、観光林、水源林、天然林、経営林、資材林、里山林にゾーニングしていくことを考えています。

境内林

境内林は、延暦寺のお堂や参道の周辺となります。延暦寺には、年間約五十万人の参拝者が訪れますが、この境内林が一番、比叡山らしさを感じられる場所となります。延暦寺という千二百年の歴史を、また山岳寺院としての宗教的雰囲気を感じられるような山づくりを継承していくことが大切です。現在も、樹齢三百年を越すような大径のスギがお堂周辺や参道に立ち並び、お堂と合わせて壮大な風景を作っていますので、今後は下層の後継樹を育成していかなければなりません。なお、大径木がお堂の周りに立っていると、霊山の雰囲気がありますが、台風などによる倒木の危険性があります。しかし、かつては避雷

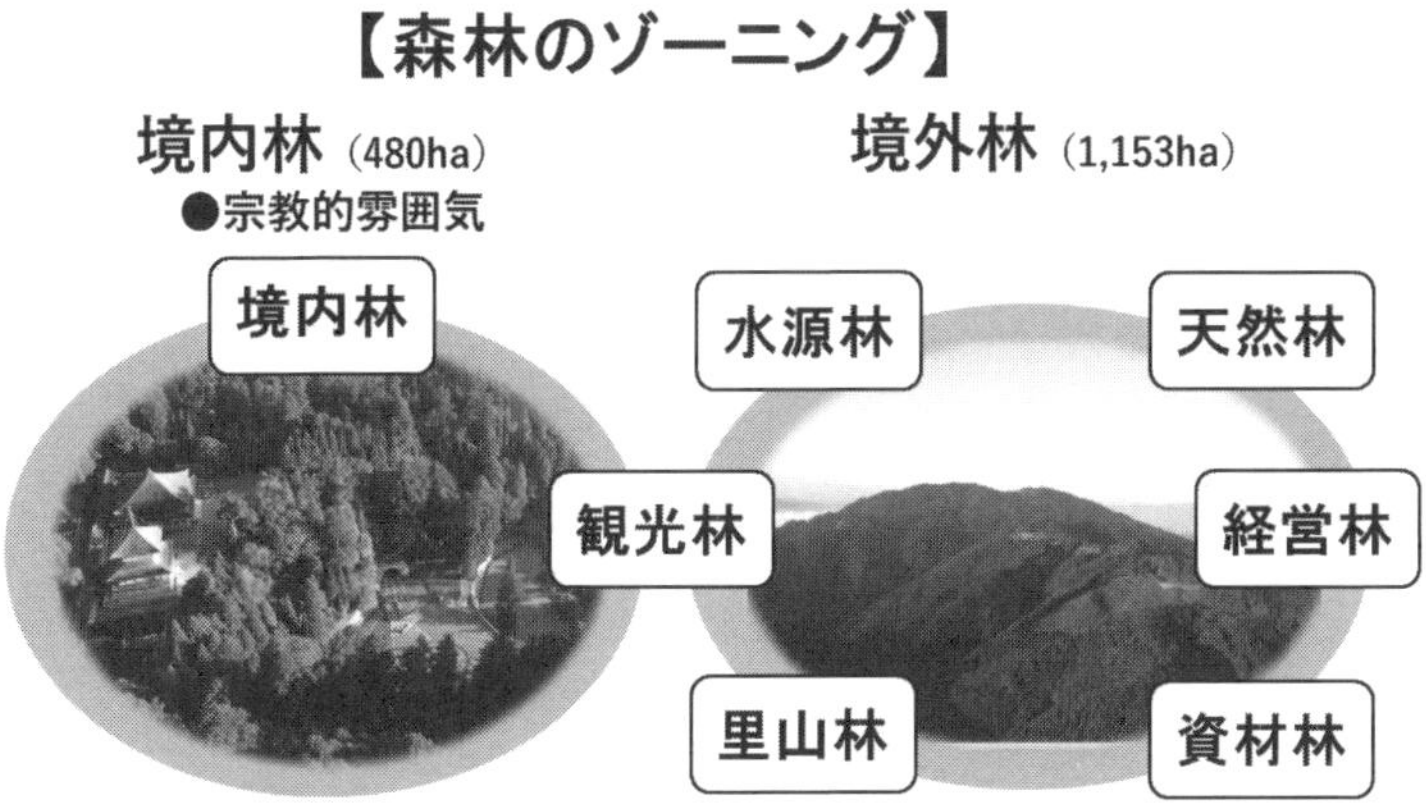

ゾーニング図

境内林のお堂（大径木が立ち並ぶ西塔にない堂）

針のような役割があったと考えられ、落雷により火災が発生しお堂がすべて無くなってしまうといったことを防いでいました。近年は避雷針が使用され、防雷林《ぼうらいりん》の役割はそれほど重要ではなくなりましたが、先人の知恵を感じることができます。現在でも先端が落雷によって枯れてしまっている大径のスギを境内でも見ることができます。倒木がありお堂が一部壊れてしまっても、修復することは可能ですし、仏像などを失うことはありません。中には危険木として伐採してしまうこともありますが、お堂の周りに大きな木があることで、防風及び防雷の役割を果たしています。

観光林

観光林は、境内林と近い機能を有し、延暦寺を訪れる参拝者が四季を感じられるような樹種から成り立っています。境内の中にもさまざまな花が咲き、ドライブウェイ沿線や駐車場にも鑑賞して楽しめる木々が見られます。代表的なものでは、春の新緑や秋の紅葉を楽しめるモミジや、比叡山ではゴールデンウィークに見頃を迎えるサクラなどがあげられます。しかし、モミジやサクラは、病気にかかりやすく、手入れが必要となります。また、現在植えられているものは、計画的に植栽されたわけではないので、境内林の大径樹と同様、後継樹を育てながら守っていかなければなりません。
ドライブウェイ途中の展望台やケーブルから見える景色は、比叡山の魅力の一つでもあります。ただ、植栽した人工林が成長し、景観を妨げるようになってきたところも見られます。景観のために切ってしまうことは簡単ですが、先に述べたように集中豪雨による土砂災害などを考慮して対応していかなければなりません。

水源林

比叡山は、近畿地方の水がめである琵琶湖の水源地として、林野庁選定の「水源の森百選」に選ばれています。また、延暦寺は一日二〇〇トン以上にもなる生活用水や防災用の水源をすべて自前でまかなっています。比叡山の中腹の川に取水用の堰堤《えんてい》を作り、山頂のタンクまでポンプアップし、ろ過装置を通して、全山に配水しており、比叡山の山林は、延暦寺の生活を支える大切な役割を担っています。水源かん養林には、広葉樹が適していると言われていますが、比叡山ではほとんどがスギ、ヒノキの針葉樹の人工林となっています。針葉樹であっても手入れが行き届いていれば、十分水源かん養の力はあると考えており、水源地上部の林分は手入れを怠らないようにしなければなりません。

さて、平安末期に編まれた『梁塵秘抄《りょうじんひしょう》』には「近江の湖は海ならず、天台薬師の池ぞかし」と詠まれています。延暦寺根本中堂の本尊は薬師瑠璃光如来《やくしるりこうにょらい》であり、水の世界の仏さまとして東方におられるとされています。比叡山の東方には琵琶湖が広がっているため、この歌は、琵琶湖を根本薬師の宝の池に見立て、近江国が天台の教えに守られた、水の恵みにあふれた理想郷であると讃《たた》えたものです。現在の水源林とは直接関係ありませんが、山上で修行するには、水は必ず必要なものであり、その恵みが比叡山にはあったことを平安の人々も感じていたのではないでしょうか。

天然林

比叡山で天然林である原生林の面積はそれほど大きくありません。これは、所有林のほぼすべてを林業経営林としてきたため、原生林として残っているのは、「魔所《ましょ》」と恐れられ宗教的に禁伐としているところや、急峻であるなど地形的に林業を行うことができなかったところに限られているからです。モミ林の原生林は数か所あり、ある程度の面積がありますが、学術的にも貴重といわれている比叡山のブナ林は、非常に少なくなっています。本来であれば、天然林は自己更新により自然に落ちた種子より実生が生育し、成木と

天然林のブナ植栽

なっていくのが理想ですが、実生の段階で鹿の食害にあってしまい、なかなか次世代の木々が生育していません。こういった樹種も、獣害から守る策を施し、更新させていかなければなりません。延暦寺では一部、原生林の保護活動も行っていますが、詳しくは後述します。

経営林

比叡山の山林をゾーニングするなかで、一番面積が大きくなるのが、この経営林になります。明治の山林還付以降に右田林学博士によって考案された施業計画を元として、百年余り境外林のほとんどで造林施業を行ってきました。造林施業は、苗木を植栽→下草刈り（十年）→枝打ち→切捨て間伐（二回程度）→搬出間伐（二回程度）→皆伐→地拵《じごしら》え→植栽を一回りとし、延暦寺では一般的な造林地に比べ長期の約八十年周期にて行っています。比叡山は山の形が釣鐘型となっており、中腹から麓にかけては急峻な斜面が多くみられます。木材を切り出す際に、急な斜面に作業道を作ることは、崩落の危険が大きいため、延暦寺では架線を使った搬出も多く行っています。山上には、二つのドライブウェイが通っており、また大型車の通れる林道も整備されていますので、搬出した木材は、これらを

間伐を行い、陽が入るようになった人工林

通って原木市場へ運ばれています。
延暦寺の造林事業は、組合員である坂本森林組合を通じ、国や県からの造林補助金を活用しながら施業していますが、先述したように、木材価格の低迷、造林にかかるコストの上昇により、利益を生まない林分も出てきました。これまでのように境外林のすべてを同じように施業していくことは難しくなりつつあります。経営林としては利益を生み出すことも重要な役割となるので、林道から比較的近く、また作業効率の良い林分を選定し、利益の生める林分として施業していく必要があると考えます。また、更新の周期が百年を超えるような超長伐期施業も視野にいれていかなければなりません。ただし、その他の手入れにくい林分も森林の機能保全の観点から、放置することはできませんので、公的な補助金などを上手く活用し整備していかなければなりません。

獣害について

経営林で循環型施業をしていく上で、現在一番大きな問題となっているのが、先述している鹿などによる獣害です。苗木の食害や若い木々の幹の皮剝《かわは》ぎなどが主な被害です。もともと比叡山にも鹿は生息していましたが、十五年ほど前より温暖化による降雪量の減少

獣害対策（鹿ネット）

や、野犬の減少によって、個体数が増加の一方をたどっています。増加すると下層の植物を食べ尽してしまい、食べ物不足となり、苗木被害が増える悪循環となっています。これは比叡山だけでなく、全国の山々でも問題となっています。ただ、比叡山は霊山であり、境内地ではハンターによる狩猟は行えません。対策として、苗木一本一本に食害防止のネットを巻く、鹿の嫌がる忌避剤を散布するなどを行ってきましたが、手間がかかり、コストに見合う効果は出ませんでした。現在は、食害防止に植栽地の周りをネットで囲み侵入できなくするのが、一番効果を上げています。専門家の意見を聞きながら、改良を加え、侵入率は低下していると感じますが、倒木によるネット破損などもあり完全に防ぐことはできていません。行政とも協力しながら、獣害対策を行っていますが、今後は上手く鹿と共存していくように考えていかなければならないのかもしれません。

資材林

延暦寺は、比叡山の山上や麓にたくさんの伽藍《がらん》を持っています。多くは戦国時代織田信長の焼討ち後、江戸時代以降に復興建立されたものです。あまり資料は残っていませんが、江戸期の復興には一部、比叡山の木材も使われたと考えられます。木造のお堂は、約六十年周期で大改修を行っています。日本にはたくさんの古い木造建築がありますが、近年、修理資材の調達が難しくなってきており、一部は海外産の木材を使わなければならなくなってきています。延暦寺でも、今後、修理の際に大きな木材が必要になってきますので、その木材を比叡山の山林で育てていければと考えています。修理材には樹齢数百年の木材が必要となります。比叡山の中から調達する際には、多少搬出のコストがかかってもかまいません。今まで経営林として育ててきたなかで、高林齢であるが、搬出にコストがかかり、経営林としては成り立たない林分が適していると考えています。

また、比叡山山内では檜皮葺《ひわだぶ》きの材料である檜皮を採取しています。延暦寺には檜皮葺きの堂宇はほとんどありませんので、延暦寺の修理の際の資材にはなりませんが、他の文化財修理等にて使用されています。檜皮は、高林齢の檜からしか取れませんが、延暦寺では境内に近いところに高林齢の檜の林分があり、今後もすべて伐採してしまうことはありませんので、そこで採取しています。内樹皮を傷めないように外側の樹皮だけをめくり資材とします。一度採取してから十年ほどで繰返し採取することができ、山林からの収入源のひとつとなっています。

檜皮の採取

里山林

延暦寺の所有地は、麓で住宅街に接しているところが多くあり、住宅のすぐ横まで植林がされています。近年の台風や大雨などで、住宅への倒木や土砂の流出などが見られるようになりました。また、木々が育っていくにつれ、落ち葉や陽当り不良などの問題も起きています。これは、昔は桃太郎の童話にもあるように、山に柴刈《しばか》りに行くなど、山と密接した生活を送っていましたが、現代は生活の中で山と関わることがほぼ無くなったことも原因ではないかと感じます。完全に土砂流出や倒木をなくすことはできませんが、危険木の処理など住宅街付近の山林の整備も、取り組むべき課題としてあげられます。

以上のように、比叡山の山林をゾーニングしましたが、まだ明確な区分はできていません。今後、調査を続け、図面に落とし込んでいく作業が必要です。また、実現するには、多くの課題に直面し、私が生きている間に結果が表れないことも多くあるでしょう。数世代先のことを思いながら、今後関わっていくすべての人が努力を続けていかなければなりません。

四　最近の活動

天然林のところで述べましたが、比叡山のブナ林は非常に貴重であることが知られています。比叡山では、十年ほど前に、自生しているブナの種子を採取し、植物園にお願いをして発芽、育生してもらいました。苗木として山に戻せる大きさに育った十五本ほどを、元あったブナ林の中を陽が当たるように他樹種を間伐整理し、周囲に金網のネットを張り、移植しました。移植後五年ほどが経過しましたが、日光不足なのか、少し成長の遅いものもありますので、もう少し手入れをしなければいけません。

また、平成二十九年の台風の影響によって、根本中堂参道のヤマザクラを伐採しました。樹齢百五十年ほどのヤマザクラでしたので、国の研究機関である森林総合研究所に依頼をし、伐採前に新しく出ている新芽を採取し、接ぎ木によってクローン苗を育ててもらいました。今年、接ぎ木した苗木が約一メートルの大きさに成長し、延暦寺に返還されました。合計七本のクローン苗が返還され、二本は根本中堂参道の元あった場所に植え戻し、残りは比叡山麓の坂本にて育てています。今後成長し、以前の親木のように綺麗に咲き誇る姿

ヤマザクラのクローン苗

を期待しています。

五　大師の森を守る

比叡山の山林管理の現状と、今後について説明してきました。延暦寺では、山林の管理は必ず延暦寺の住職が関わっています。現在でも、延暦寺の毎年の施業計画を考えているのは、延暦寺管理部の住職です。住職が歩いて山を見て回り、どのように山を管理していくのか考え、自ら植栽や下刈り、間伐の作業も行っています。管理部の住職であっても、林業のことは元々素人です。専門の林業業者に任せてしまえば簡単かもしれませんが、自分たちの山のことは、隅々まで住職が知っておかなければなりませんので、住職自らが行っています。管理部に来ると必ず言われることがあります。それは、「お山（比叡山）はお大師様のお体と思い、そこに生えている木々はお大師様のお衣であると思え」です。比叡山の山林の手入れは、最澄上人のお衣にほつれがないようにするくらい大事なことであるという意味を表しています。一般的に林業を行っている山林は、コスト重視の計画となってしまいますが、比叡山の山林は、多少のコストがかかっても、先人が守り続け

比叡山から見た琵琶湖

てきた比叡山の美しい姿を守っていかなければなりません。それは、延暦寺というお寺のお山として、最澄上人の教えを中心に修行の霊山であるということ、また比叡山を訪れた人々が心豊かになってもらえる山作りをしていくべきだと考え、比叡山に木々があるということがブランド化していければと考えています。

参考文献

『先人の築いた歴史遺産を訪ねて　No.3　大津市坂本地先「延暦寺の建築物」と「比叡山の森林」』（滋賀件大津林業寺務所、二〇〇〇年）

比叡森林継承プロジェクトが持つ可能性

龍谷大学非常勤講師
村上明也

近年、大気や水質の汚染はもちろんのこと、森林やオゾン層の破壊など、地球環境問題への興味関心は一層高まっています。このような重要課題に仏教が提言を行なう権利を有しているのかどうかについては慎重にならねばなりませんが、前向きな議論を呼び起こすためにも、ここでは仏教と地球環境問題についてお話したいと思います。特にこの度取り上げたいのは、天台宗総本山比叡山延暦寺《えんりやくじ》（以下、天台宗と略す）が行なっている森林保全活動（比叡森林継承プロジェクト、後述）です。しかしながら、筆者は環境問題を専門的に研究している者でも、森林に関するスペシャリストでもありませんから、ここでどれほど有益な意見を示せるのかについては正直なところ分かりません。それでも現代社会が直面する様々な問題と仏教がどのように関わっていくのかを模索・追求することは極めて重要なことだと思っています。(1) この度のお話の内容が天台宗と関わりのある全ての方々にとって何らかの参考になるのであればそれ以上の喜びはありません。

一　比叡森林継承プロジェクトとは

現在の仏教界において森林を大切に守ろうと積極的な取り組みを行なっている宗派があ

ります。それが天台宗です。天台宗では比叡森林継承プロジェクトという名で森林の維持や管理を行なうことを宣言しており、天台宗のホームページ上には以下のような趣旨や目的が記載されています。その一部を紹介してみましょう。

人々の暮らしに寄り添い、心の拠り所となってきた比叡山を、先人は「伝教大師の衣の森」として護ってきました。その想いと共に受け継いだこの空間を次代に繋ぐことは、現代に生きる私達の使命です。

比叡山の森林は、千二百年もの間、信仰と修行の場として存続し、生活の糧として利用されてきました。また歴史の流れの中で、その時の人々の思いに支えられ、守られてきました。②昭和初期、後世に名を残す研究者らにより、二回の総合的な森林調査が実施された記録が残っています。

以来半世紀、人々の暮らしの変化や延暦寺の近代化など、比叡山は時代の変革期にあります。伝教《ママ》大師千二百年大遠忌を直前に控え、今後の比叡山のあり方を考えるために、平成の総合的な森林調査を基礎とする比叡森林継承プロジェクトを立ち上げます。この比叡森林継承プロジェクト事業は有識者や専門家の参画も仰ぎ、次の百年を見据えた平成の大調査事業として、十か年計画で実施いたします。①比叡山延暦寺及び一山が、この時代に生きる者の責任として、次代へ伝えゆくべく、一体となり取り組んでまいります。②

ご存じのように、滋賀県大津市にある比叡山延暦寺は「古都京都の文化財」の一つとして世界文化遺産に登録（一九九四年）されている、世界的にも有名な仏教寺院です。天台宗は今よりおよそ千二百年前の延暦二十五年（八〇六）に伝教大師最澄《さいちょう》（七六七―八二二）によって開かれた宗派であり、その法統《ほうとう》は現在に至るまで連綿《れんめん》と受け継がれています。現代の天台宗では延暦寺の敷地内にある広大な森林を、最澄が身に纏《まと》う僧衣《そうえ》であると見立てることで、森林の保護に積極的に取り組んでいるのです。したがって、比叡森林継承プロジェクトは、「伝教大師の衣の森」という信仰的な側面を担う一方、現代の生物学などが蓄積してきた幅広い知識に基づき、目の前に広がる森林を枯死《こし》させないという現実的な

比叡山の木々

側面をも踏まえた活動といえるでしょう。

二　比叡森林継承プロジェクトと地球環境問題

前述したように、比叡森林継承プロジェクトとは天台宗が比叡山の森林の維持や管理を推進するというものです。何度も載せますが、その活動内容のなかに以下のような文章がありました。

この比叡森林継承プロジェクト事業は有識者や専門家の参画も仰ぎ、次の百年を見据えた平成の大調査事業として、十か年計画で実施いたします。①比叡山延暦寺及び一山が、この時代に生きる者の責任として、次代へ伝えゆくべく、一体となり取り組んでまいります。

この文章を読んですでにお気付きの方もいるかもしれませんが、比叡森林継承プロジェクトは、厳密に言えば地球環境問題と正面から向き合ったものではありません。比叡森林継承プロジェクトの趣旨文から森林保全というニュアンスを汲み取ることは容易ですが、ここに地球環境保護という視点がないことについてはやや問題があります。なぜならば、森林の保全を行なうということはそれがそのまま地球環境問題に直結するからです。農林水産省の外局《がいきょく》に林野庁《りんやちょう》があります。林野庁のホームページ上には基本政策として「森林・林業・木材産業の現状と課題」が掲載されており、そこには以下のような文言が示されています。

林野庁「森林・林業・木材産業の現状と課題」

森林は、国土の保全、水源の涵養《かんよう》、地球温暖化の防止、生物多様性の保全、木材等の林産物供給などの多面的機能を有しており、その発揮を通じて国民生活に様々な恩恵をもたらす「緑の社会資本(3)」。

傍線部分を見れば明らかなように、現代において森林を維持・管理するということは、地球温暖化という課題と必然的に向き合わねばならないことが分かります。したがって、比叡森林継承プロジェクトが森林の維持・管理を宣言している以上、そこには地球温暖化に歯止めをかける役割が課せられるのです。今後は環境保護に配慮するような文言を比叡森林継承プロジェクトの趣旨文に加える必要があるのではないかと思います[4]。

しかし何の予備知識もないまま、仏教と環境保護を結び付けるのは極めて危険です。どうして仏教と環境保護の二つが結び付くのかという思想的・時代的な背景を知っておかねばならないからです。

三　環境保護と宗教

それではどうして比叡森林継承プロジェクトに環境保護の視点がないのでしょうか。結論を先取りしますと、昭和初期に天台宗が行なった森林調査の頃には、環境保護という視点が日本にまったく無かったのです。順を追って説明していきましょう。比叡森林継承プロジェクトの趣旨文には以下のような文言がありました。

比叡山の森林は、千二百年もの間、信仰と修行の場として存続し、生活の糧として利用されてきました。また歴史の流れの中で、その時の人々の思いに支えられ、守られてきました。②昭和初期、後世に名を残す研究者らにより、二回の総合的な森林調査が実施された記録が残っています。

そもそも、昭和初期に行なわれたとされる「二回の総合的な森林調査」とは何かというと、以下の二点の報告がそれにあたります(5)。

・井上敬道編『比叡山』、精華校友会、一九三二年
・北村四郎・景山春樹・藤岡謙六編『比叡山―その自然と人文―』、京都新聞社、一九六一年

これらの書籍に目を通してみますと、自然科学(地理生物)や人文科学(歴史・文学)などの分野から比叡山を総合的に調査・解明していることが分かります。しかしやはりというべきか、ここに環境保護の視点はまったくありません。なぜでしょうか。

本題に入る前にどうしても踏まえておかねばならない情報があります。それは、仏教、とりわけ草木成仏《そうもくじょうぶつ》説(草や樹木をはじめ、石や山林などのような無生命体まで仏になる

ことができるという教え）と環境保護を論じるものが多く提出されているということです。日本の民俗学者でもあり、文化学者でもある中村生雄《なかむらいくお》先生の「殺生罪業《せっしょうざいごう》観と草木成仏思想」という論攷《ろんこう》には宗教と環境保護について以下のようなことが書かれています。

> これまでの人類史の経験を総体として俯瞰すれば、それは、さまざまな段階での、さまざまな方法にもとづく自然界への介入・改変の歴史であった。そして、時間の経過とともにその介入・改変の様相は組織的・継続的なものとなり、その対象範囲も際限なく拡大していった。ものを食うという人間のもっとも根源的な生のいとなみに始まり、着るため、住むため、楽しむための、その都度その都度に、人は何らかの方法により、何らかの程度において自然界に介入し、それを自分の目的達成のための材料もしくは手段として使用してきた。それは、意識するとしないにかかわらず、また、その程度の多少にかかわりなく、人間の側からする自然界への一方的な暴力の発現にほかならなかった。またそれは、より具体的には、自然界を構成するもろもろの命の蹂躙であり破壊であった。人間が生存するということは、そのような自然界の蹂躙と破壊、つまり自然の生命を「殺す」ことなしには不可能であった。

しかし、自然界にたいするそのような「殺し」が際限なく行なわれるならば、同様に自然界を生存の場とする人間の命じたいが存続しがたくなるというパラドックスがあった。獲物をすべて食い尽くしてしまえば、その獲物を食って生きている動物も死に絶えるしかないように、人間もまた、その生存の糧となる環境世界に際限のない負荷をかけ、みずからの生存をあやうくする寸前まで来たのだった。そのための歯止めや自省といったものを、いまは環境倫理学やエコロジー、環境保護思想などが提供することになったが、以前はその任を神話や宗教が引き受けていたと言えるだろう。(6)

「(自然界に対する蹂躙《じゅうりん》と破壊の歯止めを)いまは環境倫理学やエコロジー、環境保護思想などが提供することになったが、以前はその任を神話や宗教が引き受けていた」とあるところに、文系研究者や仏教学者がこの領域に踏み込める可能性があることを示唆《しさ》します。(7) なお、中村生雄先生の論攷が発表される以前より、草木成仏説が環境問題を考える上で重要であることを指摘した、岡田真美子《おかだまみこ》先生の研究などもあります。興味のある方は是非読んでいただければと思います。(8)

やや議論が逸《そ》れてしまいましたが、それではどうして前掲した『比叡山』(一九三二年）や『比叡山―その自然と人文―』（一九六一年）では環境問題に触れていないのでしょうか。加えて、どうして仏教（草木成仏説）と環境問題が結び付くようになったのでしょうか。

一九七二年　国際連合人間環境会議（於ストックホルム）

一九八七年　環境と開発に関する世界委員会（委員長はノルウェーのブルントラント首相）の報告書「Our Common Future（我々の共通の未来）」

一九九二年　「環境と開発に関する国連会議」（地球サミット）

複雑な話は一切しません。皆様には一九七二年に国際連合人間環境会議がスウェーデンの首都ストックホルムで開催されたという事実を知っていただくだけで結構です。これについて清水《しみず》良三《りょうぞう》先生は以下のような解説を行なっています。

国際連合人間環境会議は、環境法の歴史の中でも大きな事件である。この会議が開催された当時においては、環境保護の必要については、漠然とした概念しか存在しなかった。環境に対するこういう漠然な関心に対して具体的な表現を与え、諸国民の協同行動への動機を与えたのがこの会議であった。(9)

前に「どうして前掲した『比叡山』(一九三二年)や『比叡山―その自然と人文―』(一九六一年)では環境問題に触れないのでしょうか」と述べましたが、その答えは単純です。環境問題が本格的に議論されるのは一九七二年以降だからです。

しかしこれだけでは環境保護と宗教が結び付くことはありません。ここで注目したいのは、アメリカのリン・ホワイトという歴史学者が書いた『機械と神―生態学的危機の歴史的根源―』(一九六八年)(10)です。本書では、宗教、とくにキリスト教が環境破壊の根源的な背景にあるとする批判的な考察が行なわれており、原書《げんしょ》はアメリカで一九六八年にマサチューセッツ工科大学出版局より刊行されています。このリン・ホワイト先生の研究を踏まえた船田《ふなた》淳一《じゅんいち》先生が興味深い発言を行なっていますので、長文ではありますが紹介してみましょう。

かくして一神教という存在が環境破壊の精神的なバックボーンになったのではないか、

という自省的な思索がアメリカで生じた一九六〇年代、日本国内は公害をいまだ平然と垂れ流し、深刻な被害がもたらされている状況にありました。日本が環境認識において後発国であったことを、推し量るに充分です。キリスト教というものは、現在もそうなのですが、アメリカ社会に非常に深く根付いていますから、こうした議論が登場してきたことは、アメリカ人にとっては、やはりショッキングなことであったのでしょう。その反動として何が起きると予想されるでしょうか。それはアジア宗教への注目です。自分たちの文化の基盤にあるキリスト教が、環境破壊を促進してしまったのかもしれない。ではどうするか。何かオルタナティブになるものはないかと考えた時、視線がアジアに向く。…中略…仏教や神道は自然と共存するという言説は、むしろユダヤ・キリスト教の問題点を自己批判的に検証し始めた人々が生み出したものと考えるべきではないでしょうか。…中略…少々皮肉な換言をすれば、神道や仏教は自然と共存する宗教だという情緒的な認識は逆輸入的にもたらされ、それをわれわれは「そうだったのか！」と自覚するようになった、それが実情なのでしょう。(11)

それほど多くを語る必要はないと思います。前に「どうして仏教（草木成仏説）と環境問題が結び付くようになったのでしょうか」と述べましたが、少なくとも環境問題と宗教の関係が議論されるのは一九六八年のリン・ホワイト氏によるところが大きいのです(12)。

ここで話を比叡森林継承プロジェクトに戻しましょう。比叡森林継承プロジェクトが環境保護という問題と必然的に向き合わねばならないことは前述した通りですが、比叡森林継承プロジェクトが環境問題や環境保護に何らかの発言を行なうのであれば、それは右に紹介したような近代的な発想や考え方が背景にあることを、まずもって理解しておく必要があるのです。我々は環境保護の問題を考える際、未来への持続可能性(sustainability)を叫びがちです(13)。比叡森林継承プロジェクトが掲げる理念のなかにもそのように受け取れる文言があります。

我々が先人先輩がたから受け継いだ比叡山を次の世代に伝えることは我々の使命でもあり、百年後も胸を張って参拝していただけるような比叡山を、早急に考えなければなりません(14)。

今後求められるのは、どのようにすれば仏教として、あるいは天台宗として、環境保護を見直す新たな思想や哲学を世に示すことができるのかという点にありそうです。これが比叡森林継承プロジェクトの今後の課題といえるでしょう。

四　草木成仏説と環境保護

前に紹介しましたように、仏教の草木成仏説と環境保護がセットで論じられることが非常に多いようです。ここでは草木成仏説が環境保護を支える思想として機能するのかという問題を取り扱いたいと思います。

紙数の都合上、難しい話は抜きにしますが、日本天台宗の草木成仏説を知るためには、まずは二つの代表的な文献を読む必要があります。それが平安時代の五大院安然《ごだいいんあんねん》（八四一—？）という僧侶が書いた『斟定草木成仏私記《しんじょうそうもくじょうぶつしき》』と檀那《だんな》（覚運《かくうん》〈九五三—一〇〇七〉）の疑問に対して御廟《みみょう》（良源《りょうげん》〈九一二—九八五〉）が回答を行なった『草木発心修行成《そうもくほっしんしゅぎょうじょう》仏義《ぶつぎ》』（仮託偽撰書の可能性あり）[15]という書物です。

ここに出る良源といえば、『応和宗論記並恩覚奏状《おうわしゅうろんきならびにおんがくそうじょう》』（一一六二）や『元亨釈書《げんこうしゃくしょ》』（一三二二）などに伝えられる「応和《おうわ》の宗論」に参加したことで有名です。この「応和の宗論」において天台宗の良源と法相宗の仲算《ちゅうざん》（生没年未詳）が草木成仏についても激論を戦わせていたことが、『太平記《たいへいき》』（応安年間〈一三六八―七五〉の成立か）をはじめ、『壒嚢鈔《あいのうしょう》』（一四四五）や『塵添壒嚢鈔《じんてんあいのうしょう》』（一五三二）などに載せられています。

『太平記』巻二四

忠筭《ちゅうざん》言《ことば》なく黙止《もくし》し玉《たま》ひけるが、重《かさ》ねて曰《いわ》く、「草木成仏《そうもくじょうぶつ》までもあるまじ。まづ自身《じしん》成仏《じょうぶつ》の証《あかし》を顕《あらわ》し玉《たま》はずば、何《なに》を以《もっ》て疑《うたが》ひを散《さん》ぜん」と宣《の》玉《たま》ひしかば、この時《とき》慈恵《じえ》僧正《そうじょう》言《ことば》をば出《い》ださずして、且《しば》しが程《ほど》黙座《もくざ》し玉《たま》ふとぞ見《み》えし。香染《こうぞめ》の法服《ほうふく》忽《たちま》ちに瓔《よう》珞《らく》・細耎《さいなん》の衣《ころも》となつて、肉身云《にくしんここ》に変《へん》じて、紫磨金《しまごん》の膚《はだえ》となり、赫奕《かくやく》たる大光明《だいこうみょう》十方《じっぽう》に遍照《へんじょう》す。されば南庭《なんてい》の冬木《とうぼく》俄《にわか》に花開《はなひら》いて、恰《あたか》も春二《はるに》、三月《さんがつ》の東風《こち》に繽紛《ひんぷん》たるに異《こと》ならず。列座《れつざ》の三公九卿《さんこうきゅうけい》も知《し》らず即身《そくしん》を替《か》へずして、花蔵世界《けぞうせかい》の土《ど》に至《いた》り、妙《みょう》雲如来《うんにょらい》の下《もと》に来《き》たるかとぞ覚《おぼ》えける。(16)

これだけでは意味が取れないと思いますので、右の『太平記』の文章を五点にまとめてみましょう。このようなことが書かれています。

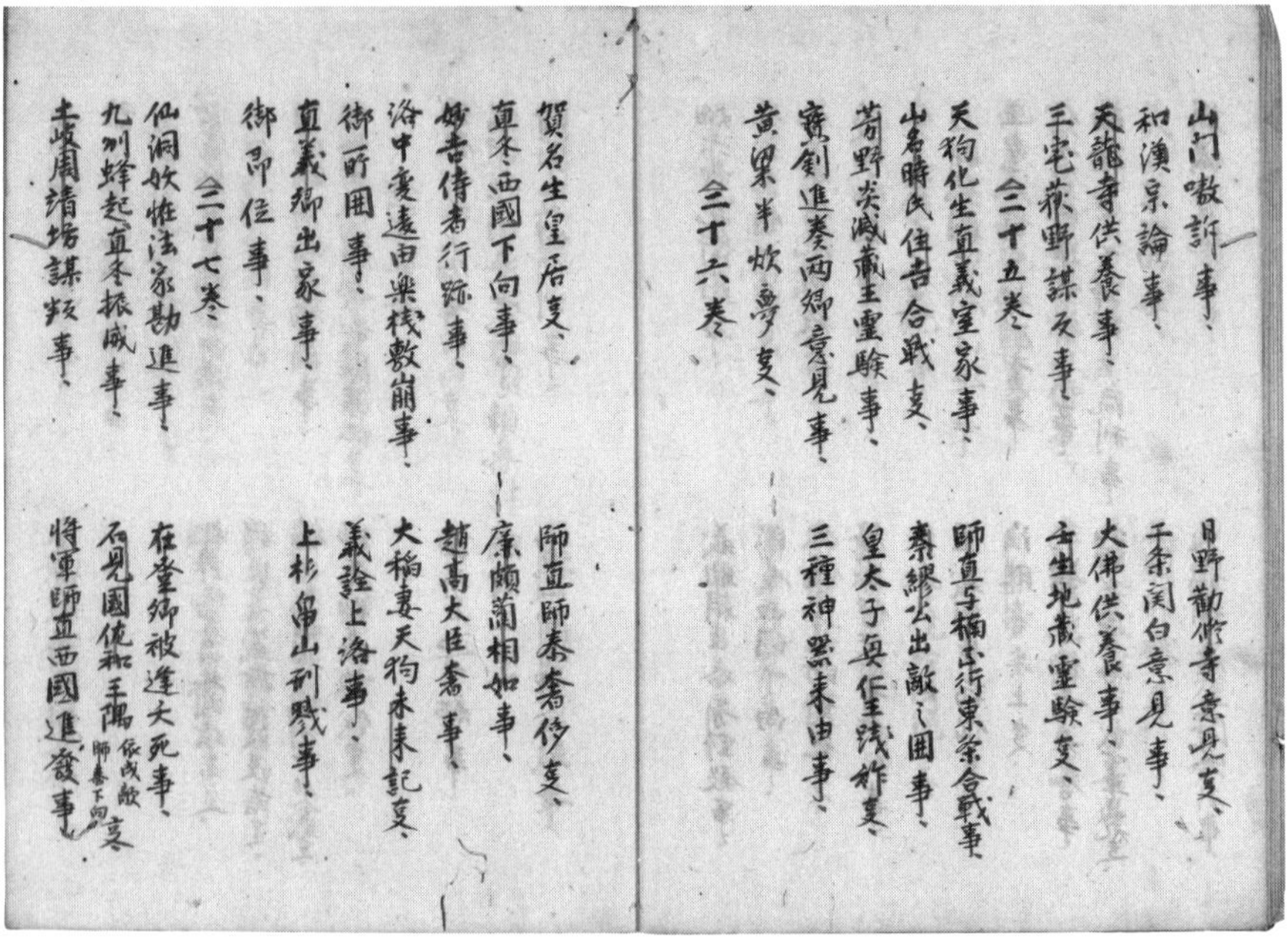
山門嗷訴事　日野勧修寺意見事
和漢宗論事　三条関白意見事
天龍寺供養事　大仏供養事
三宅荻野謀叛事　壬生地蔵霊験事
三十五巻
天狗化生直義室家事　師直与楠正行東条合戦事
山名時氏住吉合戦事　秦繆公出敵之囲事
芳野炎滅蔵王霊験事　皇太子与任堅残詐事
宝剣進奏両卿意見事　三種神器来由事
黄粱半炊夢事
三十六巻
賀名生皇居事　師直師泰奢侈事
直冬西国下向事　廉頗藺相如事
妙吉侍者行跡事　趙高大臣奢事
洛中変遠田楽桟敷崩事　大稲妻天狗未来記事
御所囲事　義詮上洛事
直義卿出家事　上杉畠山刑戮事
御帰住事
三十七巻
仙洞妖怪法家勘進事　在登卿被逢夭死事
九州蜂起直冬振威事　石見国佐和三隅依戦敵師泰下向事
土岐周済坊謀叛事　将軍師直西国進発事

龍谷大学所蔵『太平記』

① 天台宗を批判する法相宗の仲算は

② 草木成仏を持ち出す以前に良源自身が成仏を証明するべきではないかと問うと、

③ 良源自らが仏《ぶつ》のすがたを示して大光明《だいこうみょう》を発した。

④ すると、南庭に生えている冬木《ふゆき》が花を咲かせ、それはあたかも春二、三月のようであった。

⑤ 周りの三公九卿《さんこうきゅうけい》（役人）もその身を変化させることなく、〔『華厳経《けごんぎょう》』に説かれる〕蓮華蔵世界《れんげぞうせかい》に遊び、妙雲《みょううん》〔自在王《じざいおう》〕如来《にょらい》（龍樹《りゅうじゅ》〈一五〇―二五〇頃、インドの仏教者〉菩薩の本地仏《ほんじぶつ》）のもとに来たように感じた。

以上を踏まえ、次に安然『斟定草木成仏私記』の内容を確認したいと思います。末木《すえき》文《ふみ》美《み》士《ひこ》先生による現代語訳も載せておきましょう。

安然『斟定草木成仏私記』

（当今、復た有る人の[17]）問う、若し草木に分別無ければ、何が故ぞ則天皇の薗花に勅して、「明朝上薗に遊び、火急に春和を報ぜよ。花須く連夜に発くべし。暁風の吹く時を待つこと莫れ」と云うとき、薗花勅を聞きて、一夜に開き栄うや。…中略…答ふ、古今に同じく云わく、「菩提樹神は是れ主託神なり。故に『華厳』の同聞の中に、主樹林・主山・主川神有り」と〈云云〉。若し此の義に准ずれば、即ち是れ主託神の所為にして、是れ草木に自ら分別有るには非ず〈云云〉[18]。

（当今、またある人が誤解して次のような問答を行なっている。）問。もし草木が無分別であるならば、どうして則天（武）后が庭園の花に命令して「明朝、上園に遊びたい。急いで春の到来を告げなさい。花は夜でも咲きなさい。暁の風が吹くときを待ってはいけない」と言ったときに、園の花は命令を聞いて、一夜で咲いたのか。…中略…答。古今の人が同じく、「菩提樹神は主託神である。それ故、華厳では説法を聞く大衆〔同聞衆〕の中に、主樹林神、主山神、主河神等がいるのである」と言う。もしこの説に随うと、主託神の行為であり、草木自身に分別があるのではない[19]。

この『斟定草木成仏私記』の文章もまた、以下の五点にまとめることができます。

①草木成仏説について誤解する人は、
②以下のように問う。
③どうして則天武后《そくてんぶこう》（在位六九〇―七〇五、中国史上唯一の女帝）が庭園の花に命令を発すると、
④明け方の風を待つことなく、一夜にして花が咲き、春がきたのか。[20]
⑤草木成仏について誤解する人は、以下のように答える。『華厳経』の聴衆者にはたくさんの樹の神・薬草の神・穀の神・河の神・海の神などがいるので、さきほどの問いにおいて草木が花開いたのは、主託神《しゅたく》（便宜上、霊魂的なものとして捉えるのが分かりやすい）がそうさせたのであって、草木自身に思慮分別があるのではない。

『太平記』と『斟定草木成仏私記』の①〜⑤を比較してみてください。応和の宗論において良源が奇瑞を示したとする『太平記』の本文は、その一部が安然の『斟定草木成仏私記』のレトリック（表現技法）に依拠している可能性がきわめて高いことが知られます。[21]

それはともかくとして、ここで注意したいのは、『斟定草木成仏私記』において安然は、

最終的に庭園の花が一夜で咲いたことを主託神として理解する「草木成仏について誤解する人」の意見を批難・否定しているということです。[22] ここから草木成仏説とアニミズム（太陽、山・川、鳥など生物か無生物かを問わず我々をとりまく環境世界のすべてに霊魂が宿っているという考え）は「必ずしも論理的整合性をもつものではない」と考えるような見方もあります。[23]

要するに、①アニミズム説と結び付けられがちな草木成仏説が環境保護を担保する思想（無論、安然は否定している）であるかどうかも、②草木成仏説が比叡森林継承プロジェクトを支える中心的な思想になり得るのかどうかも、いまだ議論がなされていないのが現状なのです。比叡森林継承プロジェクトが環境保護を見直す新たな思想や哲学の提供を企図するのであれば、このような議論も視野に入れておく必要があるでしょう。

以上、雑駁ながら　比叡森林継承プロジェクトと環境保護の問題を論じてきました。ここで言えることはそれほど多くありません。すなわち、今こそ文系／理系の垣根を越えた、多角的視野からの検討が必要であるということ、そうしたチャレンジの受け皿に比叡森林継承プロジェクトという活動の価値を見出していくべきなのではないかということ、この二点だけです。しかし、以上のような諸課題を克服する可能性があるのもまた比叡森林継承プロジェクトだと思います。比叡森林継承プロジェクトに可能性があると信じる私が言えるのはこの程度のことです。

注

（1）村上明也「「自殺」と「地獄」の因果関係―『往生要集』所引の『正法念処経』を手掛かりとして―」（『仏教文化研究所紀要』五〇、二〇一一年）。

（2）https://www.hieizan.or.jp/forest　①②および傍線引用者。

（3）http://www.rinya.maff.go.jp/j/kikaku/genjo_kadai/　傍線引用者。

（4）天台宗では他にも「一隅を照らす運動」という社会啓発運動を行なっており、その活動の一つに「国内外の災害・紛争犠牲者の緊急支援、世界の飢餓に苦しむ子どもをはじめとする弱者救済、アジア諸国の教育・医療の継続的援助、環境保護などを目的に「地球救援募金」の」（http://ichigu.net/rescue/fundraise.php）呼びかけがあります。なお、ここに集められた募金は、「直接あるいは国連・ユニセフ・日本赤十字社・NGO（民間海外援助団体）など信頼できる団体を通じて確実に支援先に」（http://ichigu.net/rescue/fundraise.php）届けられます。

（5）二〇一八年末、比叡山延暦寺総務部主事の礒村良定氏より情報を提供していただきました。この場をお借りして御礼申し上げます。

（6）中村生雄「殺生罪業観と草木成仏思想」（中村生雄・三浦佑之・赤坂憲雄編『狩猟と供儀の文化誌』所収、叢書・文化学の越境一四、二〇〇七年、六〇～六一頁）。傍線引用者。

（7）このような発言や発想は、すでに舩田淳一氏の研究（「日本文化と自然環境」、『金城日本語日本文化』九三、二〇一七年）で指摘されているところです。

（8）岡田真美子「東アジア的環境思想としての悉有仏性論」（木村清孝博士還暦記念会編『東アジア仏教―その成立と展開―』、木村清孝博士還暦記念論集、春秋社、二〇〇二年）。

（9）清水良三「国連人間環境会議について」（『国士館大学政経論叢』五八、一九八六年、八三～八四頁）。傍線引用者。

（10）リン・ホワイト『機械と神―生態学的危機の歴史的根源―』（青木靖三訳、みすず書房、一九九九年）。

（11）舩田淳一「前掲論文」の一一～一二頁。傍線引用者。

（12）もちろん、その背景には一九六〇～七〇年代に興った思想である、〈ディープエコロジー〉もあるのではないかと思われます。〈ディープエコロジー〉については次注を参照。

（13）たとえば、「現代の環境問題を生んだ現代科学技術文明に対する思想的な反省や、環境問題を真摯に受け止めることのできる新たな思想・哲学の必要性、あるいは先進国の住民のライフスタイルを根本的に見直すこと」（森岡正博「ディープエコロジー派の環境哲学・環境倫理学の射程」、『科学基礎論研究』二一（二）、一九九六年、二七頁）などを目的とした〈ディープエコロジー〉についても学ぶ必要があると思います。

（14）https://www.hieizan.or.jp/forest

（15）堀端英一先生は「『草木発心修行記』の成立と「一心三観血脈」との関連について」という論攷において、『草木発心修行成仏義』の最古の写本である『草木発心修行記』はその書写者である宗範（?―一三〇〇～一三二七―?）自身によって撰述された文献であると結論付けていますがその結論が決定的であるかどうかについては、いまだ検討の余地があると思われます。

（16）長谷川端訳『太平記③』（全四冊のうちの第三、新編日本古典文学全集五六、小学館、一九九七年）の一八三〜一八四頁。傍線引用者。

（17）末木文美士『平安初期仏教思想の研究―安然の思想形成を中心として―』（春秋社、一九九五年）の七一九頁。

（18）末木文美士『前掲書』（一九九五年）の七二一頁。傍線引用者。

（19）末木文美士『草木成仏の思想―安然と日本人の自然観―』（サンガ文庫、二〇一七年）の二六九頁。傍線引用者。

（20）末木文美士『前掲書』（一九九五年）には、この記事の出典として「則天武后をめぐる伝記中に見える。霍必烈『武則天伝』（国際文化事業有限公司、一九八五再版）、一二七〜一三一頁など参照」（七八三頁）とあります。

（21）大隅和雄先生によれば、『太平記』には「中国の古典がさかんに引用され、軍記物としての作品のまとまりを破綻させているとしか考えられようなところが随処にある」（「『太平記』における中国人名の分布」、『日本文学』三一（二）、一九八二年、七二頁）ようです。本文中に掲載した『太平記』の記事に見られる中国古典の引用は、安然『斟定草木成仏私記』を孫引きした可能性があります。

（22）安然『斟定草木成仏私記』には「以前の諸人の立つる所の義は、多く世間世執の見に順じて、稍か円家円融の趣に背く」（末木文美士『前掲書』［一九九五年］の七二三頁）とあります。

（23）北條勝貴「草木成仏論と他者表象の力―自然環境と日本古代仏教をめぐる一断面―」（長町裕司・永井敦子・高山貞美共編『人間の尊厳を問い直す』所収、上智大学、二〇一一年）。

比叡山の山修山学の理念と継承

龍谷大学理工学部教授
道元徹心

一　はじめに

比叡山は鎌倉仏教の多くの祖師がこの山で学んだことから「日本仏教の母山」と称され、「伝教大師の衣の森」と仰がれて今日に至っています。今回、叡山文庫に保管されている近世の資料をもとにして、比叡山では如何に伝教大師の精神を受け継いで山林を保全し伽《が》藍《らん》整備に尽力してきたか、その一端に触れたいと思います。

比叡山を端的に表現した言葉として「論・湿・寒・貧」があります。これは厳しい自然環境の中で、身の回りを最小限の衣食住の状態にとどめ、山の寒さに耐えて修行に励《はげ》む様子を表しています。天台大師智顗《ちぎ》（五三八―五九七）の法灯を受け継いだ伝教大師最澄（七六七―八二二）は、「山修山学《さんしゅさんがく》」の理念のもと『山家学生式《さんげがくしょうしき》』を奏上し、菩薩僧の養成に向けて十二年籠山制《ろうざんせい》を設けました。それ以来、比叡山に入り日々天台学を中心に仏教教理を研鑽し修行する僧の様子を「論湿寒貧」と捉えたのでしょう。ここでは、森や植栽という面を中心に数点の資料と向き合って比叡山の仏教について述べたいと思います。

二　山修山学について

最澄は入唐求法《にっとうぐほう》により法華の教え、密教の教え、禅の教え、大乗の戒律を比叡山に伝えました。それは、中国天台の開祖であった天台大師智顗の教説に基づいています。智顗は『法華玄義《ほっけげんぎ》』『法華文句《ほっけもんぐ》』『摩訶止観《まかしかん》』のいわゆる天台三大部を説き、これを弟子の章安灌《かん》頂《じょう》（五六一―六三二）が筆録しました。

『法華玄義』には、「智目・行足、もて清涼池《しょうりょうち》に到る[1]」との言葉があります。智慧の目（教）と行《ぎょう》の足（観）をもって清涼池である「悟りの境地」に到ることを意味しています。この教と観を、「教観二門」「教観双美《そうび》」と称し、教は教相《きょうそう》で教え、観は観心で実践を意味し、教えと実践が揃って美となるわけです。それはまた、鳥の両翼・車の両輪に譬《たと》えられ、この二者が一致している点に天台の特徴があります。天台三大部では、『法華玄義』『法華文句』が教相、『摩訶止観』が観心になります。

最澄が比叡山を選んで修行し学んだのは、天台大師智顗の伝統に基づく「山修山学」の理念によるものでした。最澄の伝記である『叡山大師伝《えいざんだいしでん》』には、我れ法華円宗の元由を尋《たず》ぬれば、初は霊鷲《りょうじゅ》、次は大蘇《だいそ》、後は天台なり。（中略）是の故に我が宗の学生は、初修の頃、まさに国の為め、家の為め、山修山学して、有情《うじょう》を利益《りやく》し仏法を興隆すべし。(2)

とあります。釋尊によって『法華経』が霊鷲山《りょうじゅせん》で説かれ、天台大師智顗が大蘇山で慧思《えし》禅師から法を相承します。そして天台山で智顗が体得した真理の教えが後世に継承されます。天台大師は『摩訶止観』の中で止観の修行を行う環境の一つとして「閑居静処《げんごじょうしょ》」を挙げています。深山の静かな場所でこそ修行ができ、止観の実践によって智慧を得ることが可能となるのです。最澄もまた比叡山において山修山学の理念を受け継いで天台の仏法を究めようとしました。

最澄が山修山学を主張した理由として、武覚超博士は大師の末法《まっぽう》意識によるところが多大である点を論じておられます。(3)

三　元亀の法難と再興

伝教大師以降、天台の祖師たちにより比叡山はますます発展していきました。最澄の弟子であった義真《ぎしん》（七八一―八三三）や光定《こうじょう》（七七九―八五八）の活躍、唐にわたり五台山の念仏を比叡山に伝えた慈覚大師円仁《じかくだいしえんにん》（七九四―八六四）、智證大師円珍《ちしょうだいしえんちん》（八一四―八九一）や五大院安然《ごだいいんあんねん》（八四一―九一五）の活躍が挙げられます。また今ではよく知られるところとなりました千日回峰行を始めた相応和尚《そうおうかしょう》（八三一―九一八）は無動寺を建立し後に建立大師《こんりゅうだいし》と称されます。そして論義を盛んにし比叡山の諸堂を復興して中興の祖とされる慈恵大師《じえだいし》良源《りょうげん》（九一二―九八五）の活躍が有名で、良源は角大師《つのだいし》や豆大師《まめだいし》として今日まで信仰が伝わっています。しかし、この法燈にも大きな危機がありました。信長による叡山焼き討ちです。それによって瑠璃堂《るりどう》一つを残して叡山の諸堂は灰燼《かいじん》に帰しました。

その打撃からの復興を語る資料があります。『比叡山再興縁起』という一一紙からなるものです。縦二七センチで胡蝶綴《こちょうと》じ、半紙九行・一行に一七字前後の写本です。奥付や全体の様子から天正十二年（一五八四）に探題の豪盛が記したものではないかと考えられます。内容は「比叡山縁起根本中堂」「延暦寺戒壇院再興縁起」「山門無動寺堂社再興縁起」「比叡山浄土院縁起」の四項目からなっており、書名でわかりますように、信長の叡山焼き討ち直後からの復興を記したものです。『比叡山再興縁起』に対応する箇所を『天台座主記』で確かめると、元亀二年（一五七一）九月十二日に信長が大軍を率いて山上山下の堂塔僧坊を一宇残さずことごとく焼き尽くすとあります。[4] その後天正十年（一五八二）十一月に三千の残徒が帰山し再建に力を尽くし、豪盛と祐能は山に在って再興に務めたと記録されています。[5]『比叡山再興縁起』の奥付をみると「比叡山縁起」では天正十二年五月日探題法印豪盛敬白とあることから、『比叡山再興縁起』の作者は豪盛とみられます。

「比叡山縁起根本中堂」においては、初めに「比叡山縁起」と改題し次のように書き始めています。比叡山は印度・中国・日本に一致した霊峰で、三塔九院の仏閣に三千の僧侶が住している。（一乗）止観院を闢《ひら》かれた伝教大師自らが一刀三礼《いっとうさんらい》し薬師如来を刻み（根本）中堂の本尊とされたことを示しています。入唐求法により円教《えんぎょう》の玄奥を究めて帰朝後、根本中堂を六即《ろくそく》七重の界により結し、六十六本の柱を立て、鎮護国家の道場としたことが記されます。

武博士の研究[6]によれば、根本中堂は最澄の創建以来現在まで五度の建立の変遷を経て拡張されてきたとあります。また、本資料による六六本の柱とは文体からすると最澄の創建時の堂を指すかと思われます。また本資料には「八百余年の星霜を積み永禄十二年仲秋（中略）図らずも兵旗がふき山中の伽藍半日にして灰燼となり（中略）猪や鹿が伏すところに松柏を植えて林の地となり」とあり、元亀二年（一五七一）に兵によって山中の伽藍は半日で灰燼に帰したことが分かります。資料の続きからは、松や檜を植えて林とし、再建の志を立てた予（豪盛）は西国の人々から再建に必要な用材の寄付を集めた様子が読み取れます。

ここで本資料の四点目の「比叡山浄土院縁起」を見ましょう。資料には次のようにあります。

比叡山浄土院縁起／（中略）抑当山極楽浄土院伝教大師御廟堂弥陀如来安置之浄（中略）雖然永禄十二（朱書で元亀二年季）仲秋兵乱之災火起山中／劫焼之余煙嬰於御廟至于此時仏閣堂舎咸／陽一時煙神社僧坊僅残楚台数千礎哉

（／は写本での改行を示す）

冒頭に当山が極楽浄土院伝教大師の御廟であり、弥陀如来を安置した浄刹であると記しています。また、永禄十二年（元亀二年）仲秋、兵乱の災難に遭い仏閣堂塔は燃え上がり、神社僧坊がわずか残り、数千の楚石が残ったとされます。この「僅《わず》か」という表現からすると、元亀の法難では従来瑠璃堂一つ残ったとされますが、二、三の堂塔が残ったとも考えられる興味深い記述です。

次に『比叡山結界之証文』を紹介します。本資料は奥付から慶長十三年（一六〇八）八月八日、当時の執行によって記録された写本であるとみられます。胡蝶綴じで一二紙からなる資料です。資料の冒頭に記されていますが、結界については『山家最略記《さんげさいりやつき》』に基づいています。(7)『山家最略記』は口決《くけつ》として天台の六即各々の結界を説いていますが、本資料はそこまでは触れていません。本資料は比叡山の結界について東限を江際・南限を宜谷・西限を下水飲・北限を横川谷と示しています。

『比叡山結界之証文』は続いて山門への寄附を記しています。主に志賀郡からのお米の量を記録しており、坂本地域からの寄附が多いことが分かります。その他、慶長元年（一五九六）の記録として延暦寺再興の為に三井寺二〇〇〇石を三塔の寺領としています。上《かみ》坂本《さかもと》と葛川《かつらがわ》合わせて一五七三石を検地の上、永代に寄附しています。写本奥付に後補で

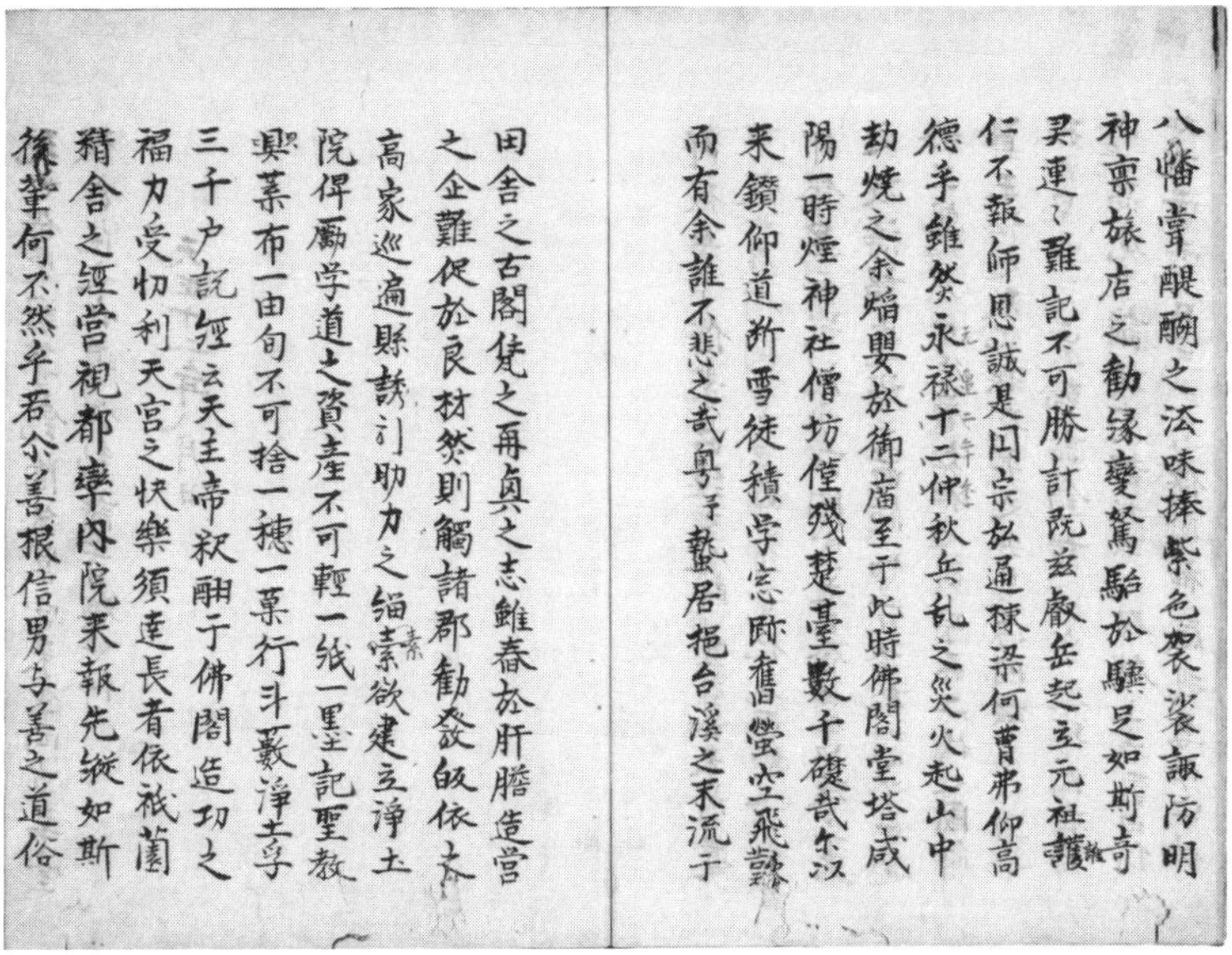
八幡宮醍醐之滋味捧紫色袈裟誦防明
神祟旅店之勧縁變篤駘於驥足如斯奇
異連々難記不可勝計既茲叡岳起立元祖護
仁不報師恩誠是因宗幼通棟梁何曹弗仰高
徳乎雖然永禄十二仲秋兵乱之災火起山中
劫焼之余焔嬰於御廟至于此時佛閣堂塔咸
陽一時煙神社僧坊僅残楚臺數千礎哉尓以
来鎖仰道断雪徒積学窓跡舊螢空飛嗟
而有余誰不悲之哉粤予蟄居枳台溪之末流于
田舎之古閣佇之再興之志雖春於肝膽造営
之企難促於良材然則觸諸郡勧発皈依本
高家巡遍縣誘引助力之緇素欲建立浄土
院俾励学道之資産不可輕一紙一墨記聖教
興衆布一由旬不可捨一穂一菓行斗藪浄土学
三千户説經云天主帝釈再于佛閣造功之
福力受忉利天宮之快樂須達長者依祇薗
精舎之經営視都率内院果報先縦如斯
旃華何不然乎若尓善根信男女善之道俗

『比叡山再興記』（止観院蔵）

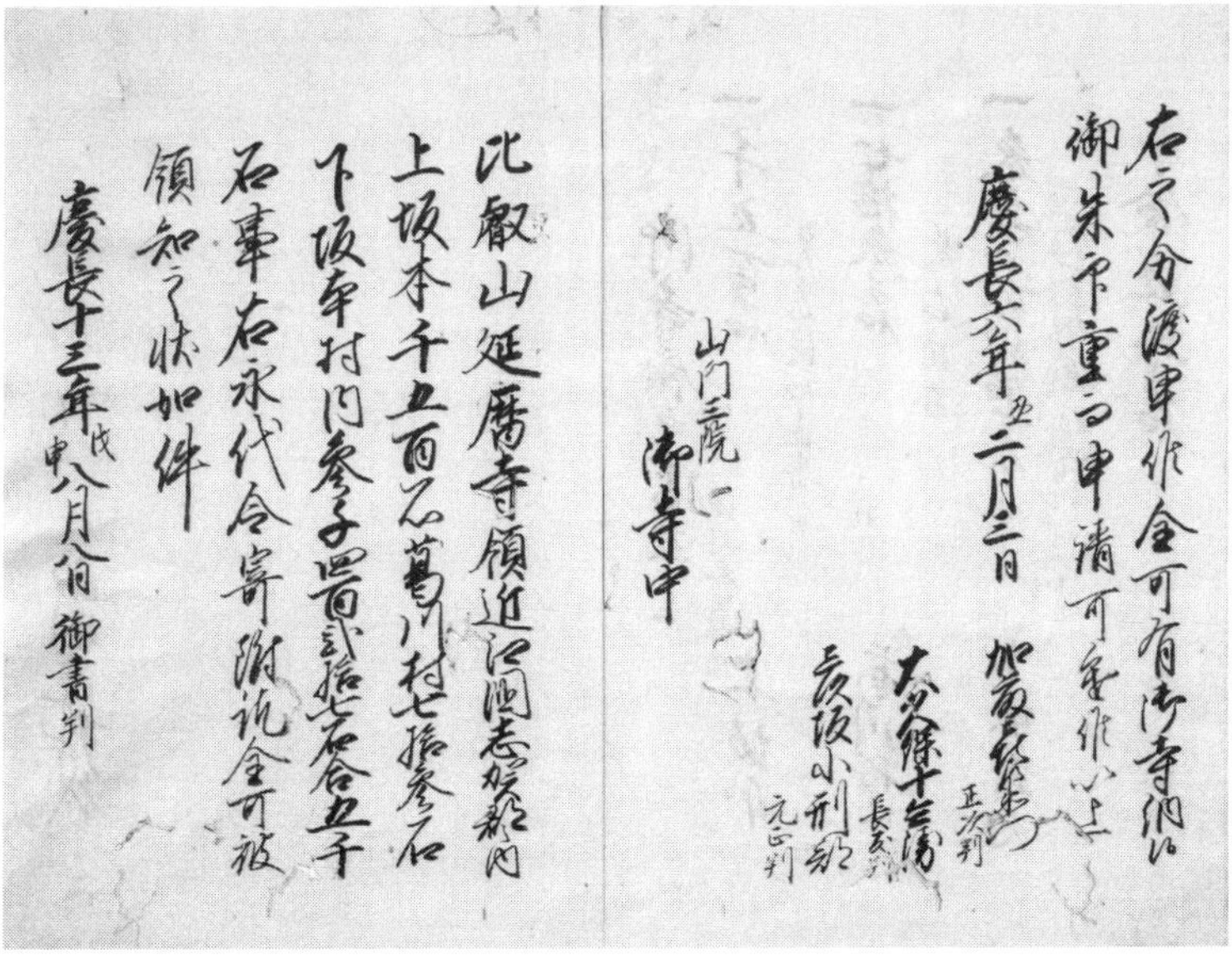
右之分渡申候、全可有御寺納候
御朱印重而申請可進候以上
慶長六年丑二月二日
加藤喜左衛門 正次判
大久保十兵衛 長安判
彦坂小刑部 元正判
山門三院
御寺中

比叡山延暦寺領近江国志賀郡内
上坂本千五百石 葛川村七拾参石
下坂本村内参千四百弐拾七石合五千
石事、永代令寄附訖、全可被
領知之状如件
慶長十三年戊申八月八日 御書判

『比叡山結界之証文』（生源寺蔵）

秀吉公千五百石余御朱印写とあります。また、五丁目裏には後補として貼紙で「権現様御制札写」とあり、六丁裏には後補で「権現様千石始而御寄附書立」と記しており、秀吉や徳川家康の寄附に触れていることが考えられます。

『比叡山結界之証文』の五丁目から七丁目の文章の二箇所で寺領として「葛川七十三石」と記していますが、本資料一〇丁目を見ますと、次のように記載されています。

比叡山延暦寺領近江国志賀郡内／上坂本千五百石葛川村七拾参石／下坂本村内参千四百二拾七石合五千／石事右永代令寄附訖全可被／領地之状如件／慶長十三年戊申八月八日御書判　［八丁裏］　山門三院執行代

近世初期、上坂本と下坂本と葛川が永代にわたり、延暦寺の領地として寄附されたことが記されています。このように、葛川村が近世初期に延暦寺の寺領であったと理解されます。この葛川については特別な意味がありますから、次に述べたいと思います。

四　相応和尚から続く葛川の滝と森と修行

琵琶湖西の比良山系には平安初期からいくつかの精舎《しょうじゃ》がひらかれ修験道の行者が修行していたようです。相応和尚も葛川《かつらがわ》で修行していましたが、さらに奥地に深山幽谷の修行地を見つけ草庵を構えて修行されたようです。そこで七日目の満願の日に、その土地固有の古い地主神である思古淵明神《しこぶちみょうじん》から夢告を得るのです。さらに谷を深く入ったところに聖地があり、そこで修行に励むと不動明王を感得するという目的が達成できる夢告です。その場所に案内したのが、常喜《じょうき》と常満《じょうまん》の両童子であったそうです。その地が比良山西麓で安曇川《あどがわ》上流に位置する葛川です。相応和尚は七日間の飲食を断って修行に徹した時、観《かん》念《ねん》して深い滝壺を見つめていたところ、たちまち火焔を帯びた不動明王の姿を感得します。その歓喜のあまりに相応和尚は深い滝壺に飛び込み明王を抱きしめたら、明王が一本の桂の木に変化したそうです。それを引き上げた和尚は一刀三礼して明王像を三体彫り、無動《むどう》寺《じ》と葛川明王院《みょうおういん》と伊崎寺《いさきじ》に安置したとされます(8)。現在、葛川の坊村《ぼうむら》に明王院があり諸堂と本堂の不動明王などが国の重要文化財に指定されています。この葛川明王院は中世の多

葛川明王院　太鼓まわし（2019 年 7 月 18 日筆者撮影）

数の文書があることで知られています。(9) また、明王院は京都の青蓮院とも強固な関係があり、明王院での法会に参籠《さんろう》する天台僧の行者が、行者中という組織をもって葛川の組織運営を担ってきたことが長谷川裕峰先生の最近の研究で解明されています。(10)

室町期頃に始まったと推測される「太鼓まわし」（太鼓乗り）という行事が明王院で現在もなされています。これは相応和尚が不動明王を感得した歓喜のあまりに滝壺に飛び込んだ古事を再現するものとされます。毎年七月十六日からの一週間の夏安居《げあんご》で比叡山の無動寺から修行僧が一日かけて葛川の明王院まで来ます。その中日の七月十八日夜七時頃から隣接する地主神社《じしゅじんじゃ》の例大祭があり、例祭が終わると引き続いて夜九時頃から常喜氏・常満氏という信徒総代の先導で行者さんたちが明王院の政所に来て、勢いよく本堂になだれ込みます。大きな太鼓を坊村の青年たちが堂内を転がし、行者さんが太鼓の縁に上がり合掌して飛び降ります。五、六間四面のお堂の中に行者さんと見学者（参拝者）も含め、二百名近い人が居るわけです。緊張と独特の大音声の中に勇壮な伝統仏事を感じます。また坊村の玄関にあたる位置に滋賀県指定文化財家屋として常喜・常満の両氏の大きなお住いがあり、現在第五九代と聞きますから相応和尚以来の千二百年近い伝統が保たれていることに驚かされます。

坊村は明王院と地主神社を中心とした小さな集落で江戸期は明王院を護持することで年貢が免除されていたと聞きます。比良山麓の自然環境について橋本鉄男氏は「その東西に連なる山々の自然に抱かれたが、時あっては大きい怒りにも触れて、必ずしも幸多き桃源ではなかった。その畏怖すべき本質を人々は山には山ノ神、川には水ノ神として見たのである。」[11]と語っています。延暦寺には東塔から西塔へ向かう途中に弁慶水という水源の井戸があり毎日多量の清水を涌出しています。古来から森と水は密接な関係を持ってきましたが、延暦寺と葛川明王院は共に森と水の環境を保持して、回峰行の聖地となり今日まで続いていることがわかります。千日回峰行の創始者としても有名な相応和尚ですが、法照禅師と共通するところがあるように感じます。

かつて唐中期の僧法照《ほっしょう》（八世紀頃）は南岳弥陀台で修行中に、阿弥陀仏との間で感応《かんのう》道交《どうこう》する神秘的な修行体験をしています。山林の中で弥陀親授の法を体得し、永泰二年（七六六）四月以降は毎年夏の九十日間、般舟念仏三昧《はんじゅねんぶつざんまい》（観想念仏）を修しました。その体験をもとに、『無量寿経』に典拠をおいた五会念仏《ごえねんぶつ》という音楽的音声法《おんじょうほう》による念仏を創始したのです。それが慈覚大師円仁によって比叡山に伝承されました。

さて、中国・日本において（天台の）修行は山林で行なわれてきましたが、その山林の維持管理について少し考えてみましょう。

五　主伐と植樹

延暦寺では「大師のお衣」と仰ぐ比叡山の山林保全に務めてきました。現代もそうですが、古来より必要に応じて主伐《しゅばつ》[12]と植樹をしてきたことがわかる資料を紹介しましょう。『五谷分山伐木材』という資料です。この資料は横長で横約三四糎の六紙からなる胡蝶綴じ資料です。内容は三塔の山林木材を用材として伐採した量と対価を記しています。対価として永銭勘定[13]が用いられており、江戸期文献と考えられます。

延暦寺の五谷として北谷（西塔）・東谷（東塔）・南尾谷（西塔）・南谷（西塔）・北尾谷（西塔）を挙げています。武博士の著作の冒頭に口絵として紹介[14]される室町後期から江戸中期の貴重写真を参照すると、山林の位置関係が理解し易いでしょう。

資料の初めに北谷分として、

北谷分／一松　六尺より三尺迄　千本　但壱本ニ付永百六十文／此永百六拾貫文／一

杉　九尺より六尺迄　三百本　但壱本ニ付壱貫四百文／此永四百弐拾貫文／一同　六尺より三尺迄　五百本　但壱本ニ付永百六十文／此永八拾貫文／一同　三尺より壱尺迄　千五百本　但壱本ニ付永四十文／此永六拾貫文／一雑木　六尺より三尺迄　千本　但壱本ニ付永二十四文／此永弐拾四貫文／

このように「一松　六尺より三尺迄　千本　但壱本ニ付永百六十文　此永百六拾貫文」と挙げます。松を一〇〇〇本（六尺から三尺の長さ）伐採し一本について一六〇文の価格です。永銭勘定として一〇〇〇本が一六〇貫文となっています。これは金一六〇両となり、現代の山林の木材価格からすると相当な金額であったと思われます。杉や檜や雑木についても同様に主伐の対価が記されています。また、地坪として入手の土地も第二紙には「九十四町九反六畝三歩／此永九十四貫九百六十一文」と表記されています。そして最後に五谷の総合計で「千五百四十五貫八百七十七文／八分三厘」とあり、木材と土地の総計が金一五四五両という金額となっていたことが分かります。この資料『五谷分山伐木材』が江戸時代のいつか年代が不明ですが、計画的に主伐と間伐によって山林を保全し、同時に堂塔維持していくため、時期がきた樹木を伐り堂塔修復の元資に充てたと考えられます。

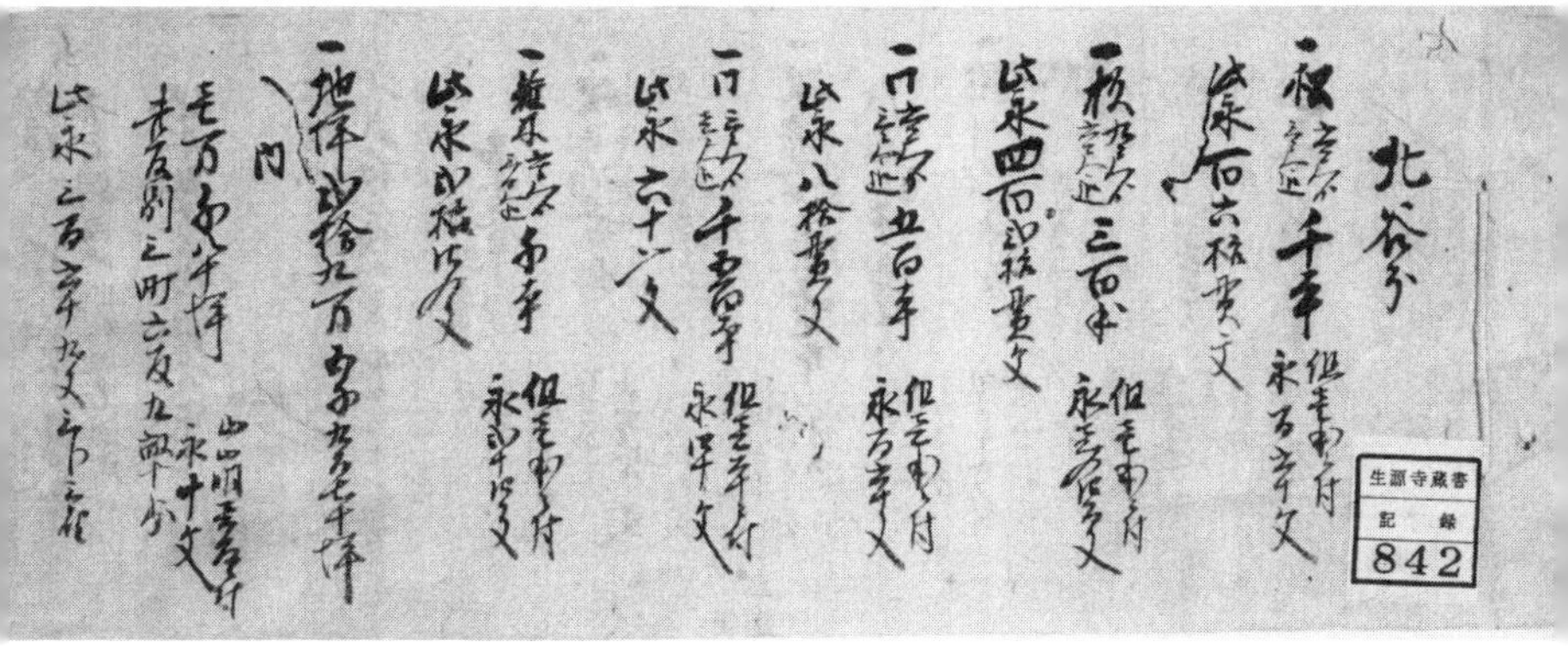

『五谷分山伐木材』（生源寺蔵）

次に『建仁寺より当院に菩提樹の来たりし証〜』という資料を紹介しましょう。包紙一紙を含めた三紙からなる興味深い資料です。包紙を一紙に数えますと、残る二紙が建仁寺と延暦寺相互の書状です。寛政六年（一七九四）、延暦寺がかねてより求めていた菩提樹が建仁寺より贈呈された記録です。「菩提樹一株」と題された寛政六年（一九七四）十月の証文で、栄西禅師が宋より将来した種の菩提樹一株を建仁寺の侍真東易が比延暦寺浄土院の侍真に贈った証書です。

もう一つの紙は翌月に浄土院の侍真僧が建仁寺の侍真に宛てた礼状になっています。「畢鉢羅樹《ぴっぱらじゅ》一株」と題された証文で、栄西禅師将来に由来する菩提樹を辱《かたじけな》くも恵まれて浄土院という伝教大師の廟前に植えることができた証書です。かつて栄西禅師が修行された比叡山で禅師が宋より伝来された種の菩提樹が大師の廟所に植樹されたわけです。

最後に『杉檜伐採件』という資料を紹介します。これは明治十一年に延暦寺が京都府の槙村正直知事に嘆願した一五紙からなる文書です。延暦寺諸堂が長年の湿気により傷みが進み、その営繕に木材を伐る許可を申請しています。境内の西塔の北谷と北尾谷と南尾谷の三谷の三万坪に充分成長している杉檜を三〇〇本営繕の用材としたい旨が記されています。伐採した跡地には苗木を植えて水源と土砂管理に努める計画であったことがわかります。

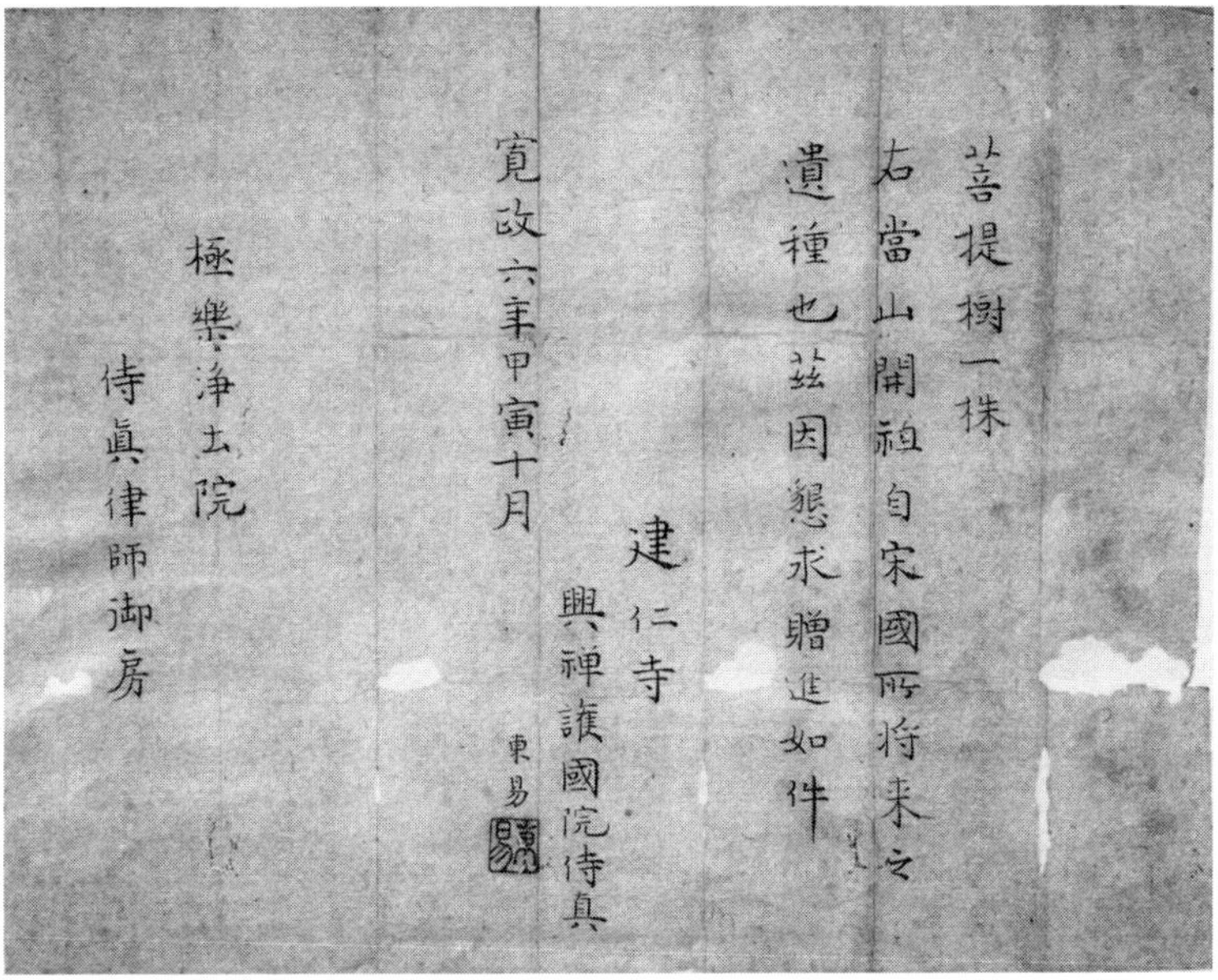

菩提樹一株
右當山開祖自宋國所将来之
遺種也茲因懇求贈進如件
建仁寺
興禅護國院侍真
東易
寛政六年甲寅十月
極樂浄土院
侍眞律師御房

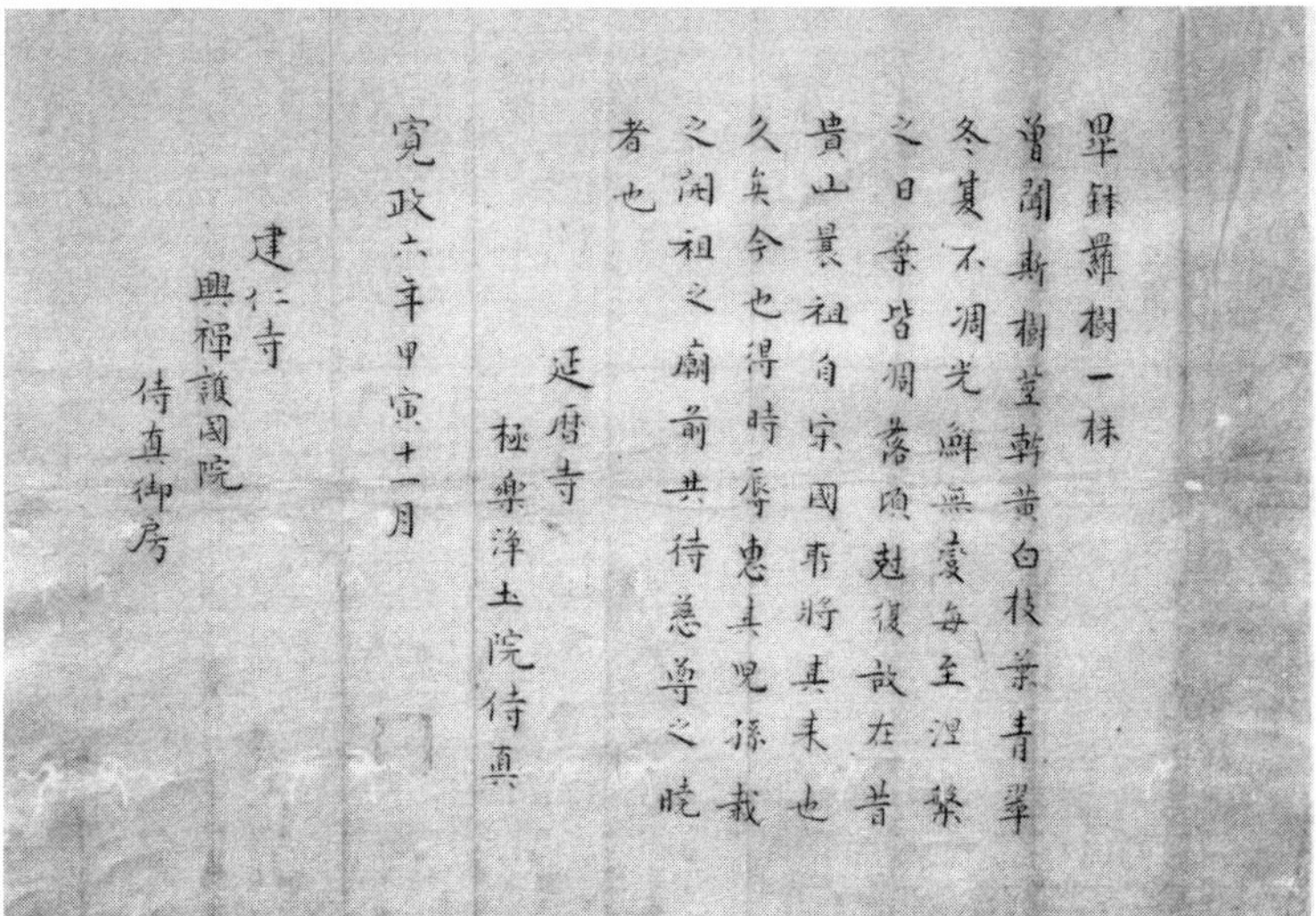

畢鉢羅樹一株
曽聞斯樹茎幹黄白枝葉青翠
冬夏不凋光鮮無変毎至涅槃
之日葉皆凋落頃刻復故在昔
貴山景祖自宋國所将其来也
久矣今也得時孚恵其兒孫栽
之開祖之廟前共待慈尊之暁
者也
延暦寺
極楽浄土院侍真
寛政六年甲寅十一月
建仁寺
興禅護国院
侍真御房

『建仁寺より当院に菩提樹の来たりし証〜』（止観院蔵）

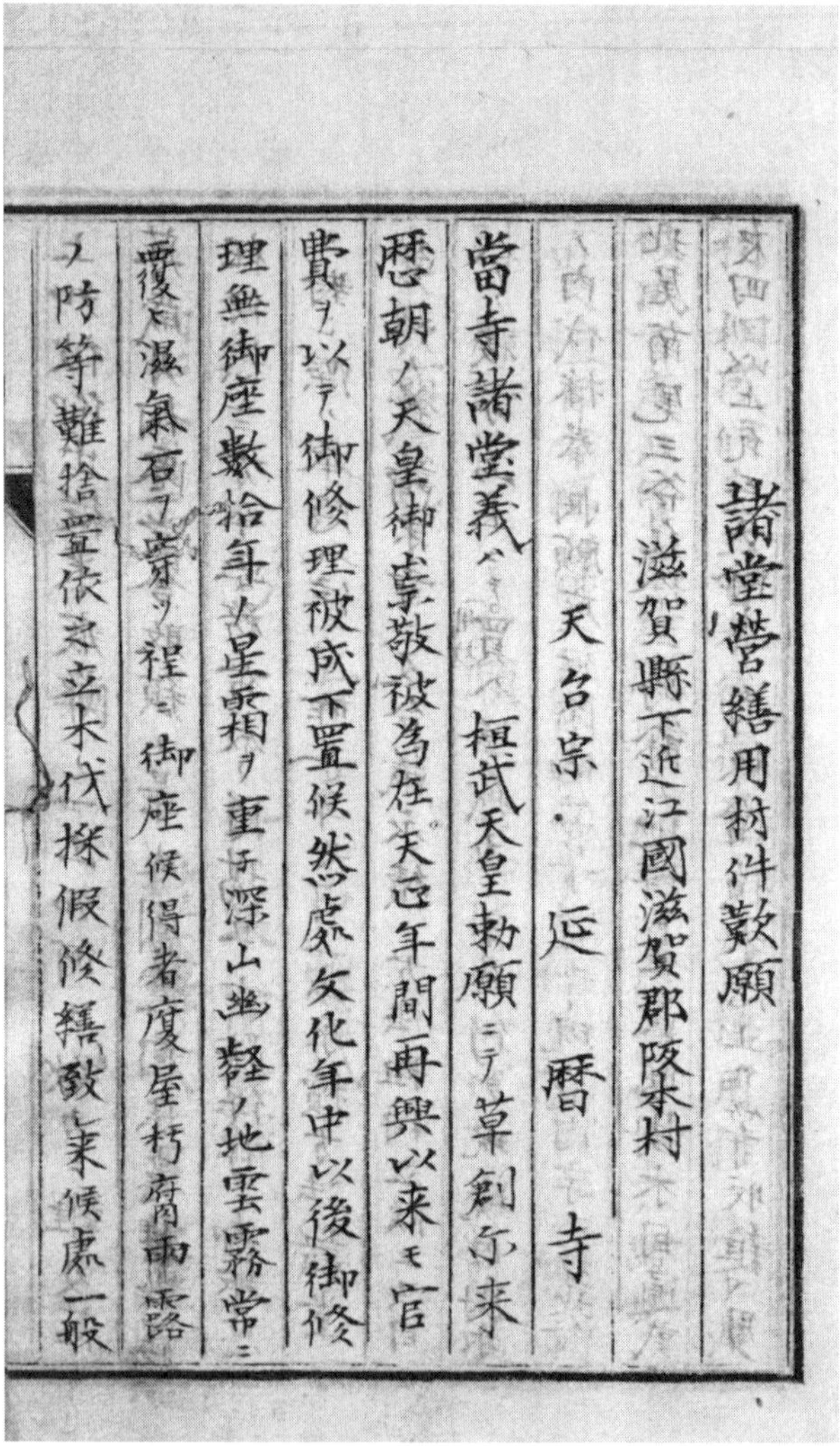
諸堂營繕用材件歎願
滋賀縣下近江國滋賀郡阪本村
天台宗　延暦寺
當寺諸堂義ハ桓武天皇勅願ニテ草創尓来
歴朝ノ天皇御崇敬被為在天正年間再興以来モ官
費ヲ以テ御修理被成下置候然處文化年中以後御修
理無御座數拾年ノ星霜ヲ重ネ深山幽谿ノ地雲霧常ニ
覆ヒ濕氣石ヲ穿ツ程ニ御座候得者度屋朽腐雨露
ヲ防等難捨置依之立木伐採假修繕致来候處一般

『杉桧伐採件』（延暦寺蔵。明治以降）

す。この資料の第五丁をみると、この申請にあたって青蓮院住職と妙法院住職が副願として協力し名を連ねています。次の第六丁は「境内杉檜七百九十本之内／第一期百六十本杉檜」とあり、境内の杉檜七九〇本の計画で西塔だけでなく横川の戒心谷・般若谷・解脱谷・飯室谷の伐採が記録されています。これらの記録から相当数の営繕用の伐採がされていたことが分かります。

六　むすび

天台大師智顗に始まる天台の教えは実践修行を伴っており、教理と実践の両者がそろって教観双美と称される点に特徴があります。入唐求法された最澄の伝承により、比叡山では葛川での修行も含め、伝教大師最澄の山修山学の理念が今日まで継承されています。信長による元亀法難の後、その理念が近世どのように継承されたかの一端を植栽関連文書五点の新資料によって辿りました。伽藍が灰燼と帰した後、年月を隔てず再興がなされていますす。秀吉などの権力者の力や多数の信徒によって伽藍整備がなされ、年代を経ると共に堂塔維持のために三塔地区の樹木が用材として伐採され、伐採地に苗木を植え、伐採した木材が相当額の営繕費用に充てられたことが理解されます。
静寂な環境で学び修行する精神は天台大師智顗より受け継がれており、最澄を宗祖として比叡山の山林を大師の御衣《おころも》と仰ぐ心が、建仁寺より延暦寺浄土院に贈呈された菩提樹に象徴されているように思われます。また、円仁の弟子であった相応和尚は現在もなされている千日回峰行の創始者です。比叡山無動寺の相応和尚は三十歳前の若さで葛川の静寂の森の中で不動明王を感得しており、これも最澄の山修山学の理念が弟子から弟子へと継承された証といえるでしょう。

注
（1）大正三三・七一五・中。
（2）『伝教大師全集』第五附録、三二頁。
（3）武覚超「伝教大師の山修山学と末法思想」（『比叡山仏教の研究』法藏館、二〇〇八年、三一〇頁）。山修山学の従来説として次の四点が紹介される。道璿や行表の影響・智顗の『天台小止観』所説の「閑居静処」の内容・『不空表制集』に基づく構想・『山家学生式』の著述で南都に対する危機意識から籠山十二年の制度を設けた。これらの従来説に対して、武博士は、伝教大師が山修山学の理念をたてた理由として強い末法意識があった点を指摘する。この分野に関連する研究は、武覚超博士の『比叡山諸堂史の研究』（法藏館、二〇〇八年）、『比叡山仏教の研究』の二著に詳しい。
（4）『天台座主記』四六三〜四六四・四六五。
（5）『天台座主記』四六九。
（6）武覚超『比叡山諸堂史の研究』一九〇〜一九七頁。
（7）『大日本仏教全書』第八六・一六頁。
（8）景山春樹「葛川の信仰」（叡山文化綜合研究会編『葛川明王院』芝金聲堂発行、一九五八年、一一二〜一一四頁参照）。および『比叡 葛川案内』（比叡文化叢書一、一九五六年）を参照。
（9）村山修一『葛川明王院史料』（吉川弘文館、一九六四年）にまとめられている。
（10）長谷川裕峰「葛川明王院における行者中」（『日本仏教綜合研究』第八号、二〇一〇年）。
（11）橋本鉄男「葛川谷の民族」（叡山文化綜合研究会編『葛川明王院』芝金聲堂発行、一九五八年、二五五頁）。
（12）主伐とは、林業で伐期に達した樹木を伐ること（『広辞苑』第六版、一三五〇頁）。
（13）『日本歴史大辞典』第二巻（河出書房、一九八五年、一四〜一五頁）。
（14）武覚超『比叡山諸堂史の研究』巻頭の口絵「比叡山南溪蔵／室町後期の絵図」「山門三塔坂本物絵図・全二葉のうち、横川・坂本全図」「山門三塔坂本惣絵図・全二葉のうち、東塔・西塔全図」。
＊本稿は二〇一七年度龍谷大学アジア仏教文化研究センター研究報告書の拙論「近世比叡山における山修山学の理念継承の一面―『比叡山再興縁起』等の資料より―」に「葛川の滝と森と修行」の内容を新たに加えて改稿したものです。研究報告書には資料の全翻刻を掲載しています。

＊本稿の執筆にあたり、貴重な資料閲覧と写真撮影ならびに掲載許可を賜った叡山文庫・延暦寺御当局に心より感謝いたします。

比叡山の生物自然誌

山林修行の場における生態復元にむけて

龍谷大学元教授
土屋和三

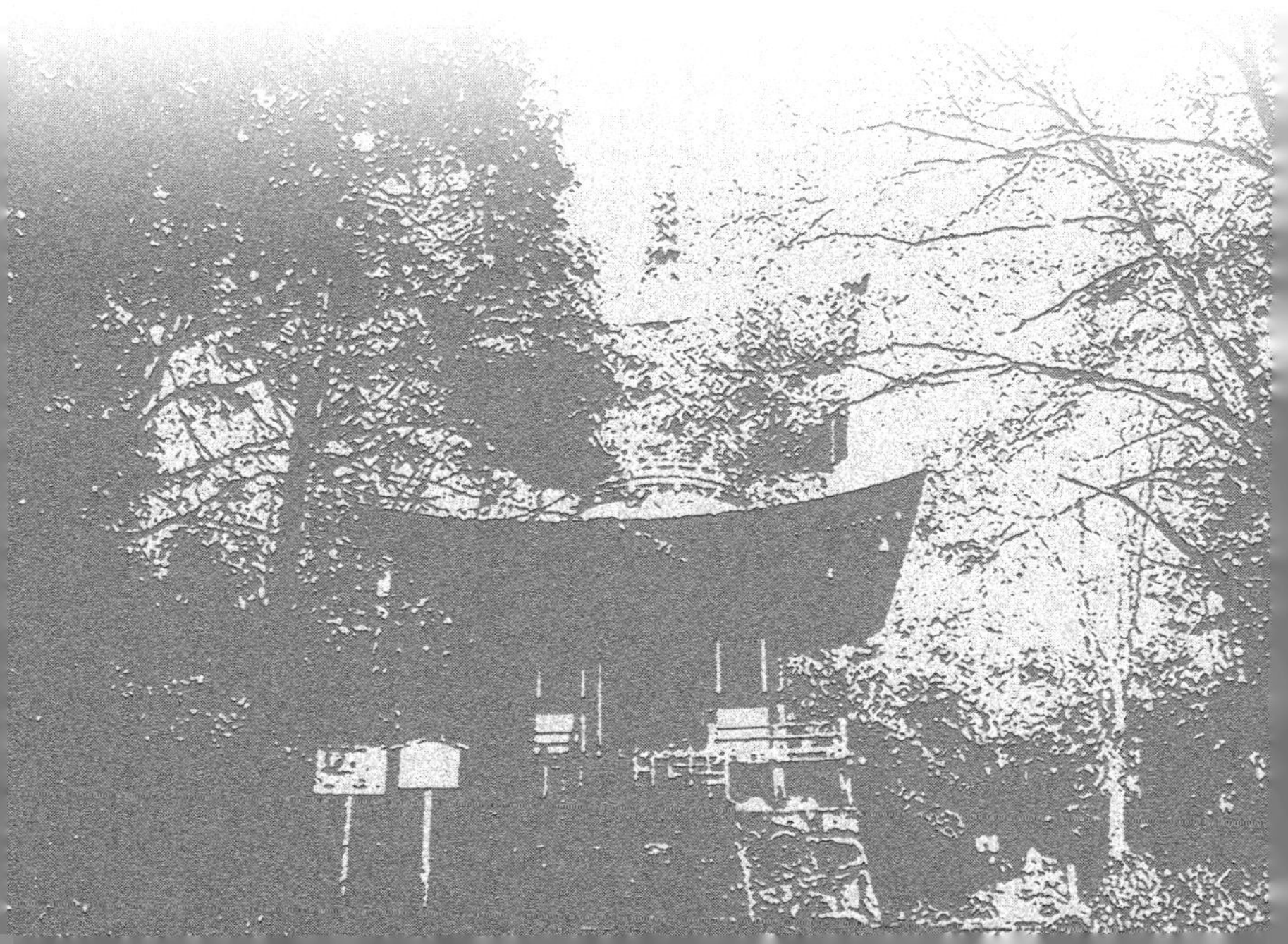

一　はじめに

比叡山は京都盆地の北東部に位置し、比高差八〇〇メートルほどの秀麗な山である。京都盆地の洛中、洛南からは山頂部は左の四明岳《しめいがだけ》（八三八メートル）、右の最高峰の大比叡《おおひえい》（八四八メートル）のふた山に見える。これは二つの山の鞍部に、風化しやすい花崗岩が貫入しているためである。洛北からは四明岳のたおやかなひと山になり、見る位置によりかたちが変わる。また広義には北に続く横高山《よこたかやま》（小比叡《をひえ》七六一メートル）、水井山《みずいやま》（波母山《はもやま》七九四メートル）に至る約七・五キロメートルの山稜までを含めている。京都盆地からよく目立つのは、四明岳・大比叡以南の主稜線が滋賀県側に偏っているためである。京都盆地のさらに南の淀川、木津川の流域からもその姿を望むことができる。東の滋賀県・琵琶湖側からは、比良山系から続く山脈との高度差が著しくないので高く聳えて見えることはない。

この山は、千二百年の都・京都に近接して、山の自然を修行の場とし、山の自然に身を置き自ら学びとる伝教大師の「山修山学」のこころざしが千二百年余りにわたり継承され、いまも生き続けている。延暦寺一山の方々は、「御山を御大師様のお体と思い、御山の木々を御大師様の衣と考え、衣のほつれを繕うように木を植えてきた」といわれる。森こそが延暦寺・天台宗のアイデンティティといわれる。比叡山の森の成り立ちは比叡山の仏教と深く関わっており、千年以上にわたって原生植生が維持されてきた部分もある。

しかし明治以降、自然植生のモミ林やブナ林が伐採され続け、繰り返し行われてきた皆伐・人工造林による地力の減退、特に一七〇〇ヘクタールの山林の約六六パーセントを占めるヒノキ植林地の地力減退問題がある。ヒノキ植林地には草木もはえにくく、降雨の際の土壌の流出を回避することが大きな課題である。比叡山ドライブウェイの開通（一九五八年）による環境変化も著しい。さらに新たな問題は、一九九〇年代から顕著になるシカによる森林植物の採食のため森林生態系の危機である。このシカの増加も人間がもたらしたことであり、害敵視することではなく、シカと植物と人間との共存の方策を探らなければならない。

現在、このヒノキ植林とシカの採食により生物種が減少し、自然の貧弱化、脆弱化《ぜいじゃくか》が加速している。多様な植物や動物と共に生きる自然観や生命観を育むのが、山林修行の場であろう。山林修行の場を後世の人に受け渡すには、歴史を明らかにして、現在を直視し、植物の寿命に応じた百年・二百年先を思い描き環境を創生・復元する努力の継承が求められる。

一九六〇年に比叡山総合立体調査（以下学術調査）が行われ、そのなかで初めて京都大学による自然科学調査が行われ『比叡山―その自然と人文―』（一九六一年）が刊行されている。そのなかで植物学調査は北村四郎・四手井綱英らにより、植物生態学的・造林学的研究および植物地理学的研究が行われ、「比叡山植生図」（一万五千分の一）が作成されている。また、地質学調査は松下進・中沢圭二らにより、重力測定による地下地質構造の研究、花崗岩の研究等が行われ、「比叡山付近地質図」が作成されている。動物学調査は、「鳥類」（小野喜三郎）、「猿」（間直之助）、「昆虫」（中根猛彦）、「動植物分布の関連性」「哺乳類」「その他の脊椎動物」（徳田御稔）が行われた。しかし菌類学調査はいまだに行われていない。それ以後の五十年間で、奥比叡ドライブウェイの開通（一九六六年）により、西塔のモミ林の面積が縮小し、フクジュソウ、キキョウはすでに絶滅し、レンプクソウ、ヤマシャクヤクなど確認できない草本が多い。比叡山の名前を冠した植物が多いのも、この山の植物が広く親しまれていた証である。エイザンカタバミや叡山ゴケ（クラマゴケ・現在の和名）は普通にみられるが、とりわけエイザンスミレ、叡山ギク（ミヤマヨメナ）、叡山ハグマ（オクモミジハグマ）、西塔グサ（フクオウソウ・オニドコロ）、西塔ガヤ（ノガリヤス）は野生絶滅の危機に瀕している。

本稿では過去の比叡山の植生を探るために、まず手掛かりとして江戸末期の比叡山の植物が推定できる資料として本草学《ほんぞうがく》の記録を読み解き、また今まで公開されていなかった江戸時代前期の絵図「比叡山全図」を本稿で初めてとりあげる。本草の記録は比叡山に多様な植物が存在していたことを示す。「比叡山全図」は、約三百年前の比叡山の植生の全容が詳細に描かれており、日本初の植生図といっても過言ではない。次に比叡山の植生や、自然再生に関して行われている試み、生態復元について述べたい。また仏教との関わりについて考察する。

二　本草学から博物学への移行期の記録から

京都は平安時代から日本の文化の中心地であり、人と自然との様々な関わりを示す文献資料が多く残されている。中国から伝来した本草学は京都で発展し、比叡山は日本の中で最も植物の記録をもつ山であり、往時の植物自然を推定することができる。

日本初めての植物図譜の『花彙《かい》』（小野蘭山・島田充房、一七五九―六三年〈宝暦九―十三〉、覆刻一九七七年、八坂書房）は、京都近辺の草一〇〇種と木一〇〇種の図と本文をあげている。そのなかに比叡山の植物が六種あげられている。秦艽《じんぎょう》＝ハカリクサ（レイジンソウ・現在の和名）は、「比叡山及大原道傍ニ多クアリ」と記されている。レイジンソウは温帯林の林縁や草原に生える多年草である。そのレイジンソウは、竹内敬が一九三一年八月四日に比叡山麓の大原口で採集した標本が、京都府立植物園の標本室に収蔵されている［村田源、一九九九］が、現在は比叡山、京都府下からは絶滅している。

小野蘭山《らんざん》（一七二九―一八一〇）は七十歳の時に幕府の招聘《しょうへい》に応じて京都から江戸に移った後に、さらに各地に採薬・採集を重ね、これまでの本草学者の知識を集大成した日本自然誌の金字塔『本草綱目啓蒙《ほんぞうこうもくけいもう》』（一八四八年〈弘化四〉、翻刻一九九一―九二年、平凡社）を刊行した。そこに比叡山の植物は、巴戟天《はげきてん》（カキノハグサ）、横川《よかわ》の五加葉黄蓮《ごかようおうれん》（バイカオウレン）をあげている。これらの植物は、現在も横川にあり季節には花をつける、歴史に名をとどめる山草の生える環境をこれからも大切にしてほしい。また比叡山の名前がついたエイザンスミレの名もでている。ちなみに、夏目漱石は明治四十年四月九日に、高野《たかの》（左京区上高野）から比叡山に登り坂本のはしり堂で昼食をとっているので、漱石は健脚である。後日、狩野亨吉《かのうこうきち》宛の書簡（『漱石全集』二三巻、一九九六年）には、「持ち帰った叡山植物の中で、エイザンスミレが一番上等で一番勢がいい、叡山ゴケ（クラマゴケ）は見事に勢いがある、拾ってきた大事の盆石を忘れてきたので、小包で送ってくれ」などと書いてある。

小野蘭山が江戸に去った後の京都の本草学の主導者は山本亡羊《ぼうよう》（一七七八―一八五九）である。彼の塾「読書室」では採薬を授業の一環として、実地に薬効害毒を教え、春夏秋に繰り返し野外指導をしている。『山本亡羊採薬目録山城之國部』（丹波修治による写本、一八六四年〈元治元〉、国立国会図書館蔵）は、山城《やましろ》の国（京都府南部）の三九箇所の採集地ごとの記録である。

このなかで「叡山　無動寺　西塔」からは二〇四種をあげ、ブナノ木（ブナ）、イヌブナ、叡山ユリ（ヤマユリ）、百合（ササユリ）、側金盞花（フクジュソウ）、ヒメヒゴタイ、車前葉山慈姑（カタクリ）イワタバコなど六八種が現在の和名と照合できる。

「叡山横川」からは二五六種をあげ、ブナ、イヌブナ、百合（ササユリ）、五加葉黄蓮（バイカオウレン）、ヒメシャガ、ヒトリシズカ、タカラコウ（オタカラコウ）など八六種が現在の和名と照合できる。

また山本亡羊一門の著作の『山城草木志《やましろそうもくし》』（山本秀夫・推定、幕末から明治初期、写本、京都大学理学部植物学教室図書室蔵）は、江戸時代末期の山城の国（京都府南部）の植物リストであり、九四六種をあげている。珍しい植物には産地が記されている。このなかで叡山（比叡山）にあると記してあるのは、ブナ、エイザンユリ（ヤマユリ）、ノシュンギク・六月菊（ミヤマヨメナ）、ヤマ芍薬（ヤマシャクヤク）など九七種である。横川からは五加葉黄蓮（バイカオウレン）、ナツツバキの二種を記している。当時の植物の名称は現在の和名と対照できないことも多く、さらに研究が必要である。何れにせよ、比叡山には現在よりはるかに多様の植物があったことがわかり、約百五十年間の自然環境の変遷を探る重要な手がかりになる。山本の塾「読書室」の京都近辺での野外植物の記録は、京都の本草学の集大成でもある。本書には薬草に限らず主要な植物が網羅され、その内容は本草学から生薬学と博物学への発展の分岐段階に達しており、自然史科学を受容する素地となる貴重な著作である。

ちなみに、このミヤマヨメナは延暦寺一山では、叡山菊《えいざんぎく》と呼んでいる。皇室の十六弁の菊の紋章はこの植物に由来するとの伝承がある（このことは『延暦寺時報』第七七一号、令和元年五月八日、にも掲載されている）。延暦寺の紋章は十六弁の菊の中央に輪宝を配した菊輪宝《きくりんぼう》である。横川でみるミヤマヨメナの花の花弁（舌状花）は、一二～一八程度である。延暦寺一山の方々はこの花を「星の光の下に見ると美しい」といわれる。回峰行での体験によるのであろう。筆者は一九六八年に釈迦堂に群生していたこの花を鮮明に覚えているが、真夜中の山気の中の花の美しさは思いもよらず深く感動した。山内随一の山草の花が咲く寺である定光院《じょうこういん》（横川にある）は、永く植物保護に努め、現在もミヤマヨメナや、山内から姿を消したヒメシャガやジャコウソウが咲くのは嬉しいことである。

学術調査の『北村四郎・村田源比叡山植物目録』［北村・村田、一九六一］は、京都大学理学部植物学教室の標本をもとに作成されたものであり、自生種一〇二〇種、絶滅種二一種、帰化種四六種、栽培種二六種、計一一一三種を記録している。当時記載の絶滅種はヒメヒゴタイを含め二一種、注として「少ない」とされている植物は、草本九四種、低木一六種、木本九種、シダ植物一二種、合計一三一種である。また竹内［一九六二］は、絶滅したオケラ、マツムシソウ、ヒメヒゴタイ、オキナグサなどが明治時代の末期に四明岳山頂の将門岩の付近にあり「小さな御花畠の感があり」と記している。それ以後の五十年間で、この目録に掲載されているミヤマヨメナを含め多くの植物（草本）が比叡山から野生絶滅寸前であり、このまま策を講じなければ確実に比叡山から消えていく。

とりわけ無動寺谷の風化した花崗岩の岩壁やその表層土壌には、イワタバコ、イカリソウ（トキワイカリソウ）、ツクバ子ノ木（ツクバネ）、ツルキンバイなどが現在も生えている希少な環境であるので、これからも保全に努めてほしい。植物分類学者の田川基二氏が学生時代の一九三一年に採集したオオダイトウヒレンは寒冷期の残存植物であり、当時は弁天堂の付近の林の下にかなりの個体があったが、一九六〇年には見つからず［北村四郎、一九六一］、現在に至るまで再発見されていない。まさに種の存続の臨界点にあり、生育場所の適切な保全、保護増殖を早急に計らなければならない。植物種が消滅していくことは、昆虫や野鳥をはじめとする動物や菌類までに及び、生態系が崩壊していく動因である。新たに園芸植物を持ち込むことは、比叡山にはふさわしくない。野生のヤマザクラは最も美しく、また育ちやすく、種子から三年で容易に苗ができる。

三　絵図・文献から探る植生の歴史的変遷

「花洛一覧図」と「八瀬童子会文書」

人の自然環境への継続的・複合的な営みは、植生景観から読み取ることができる。次に

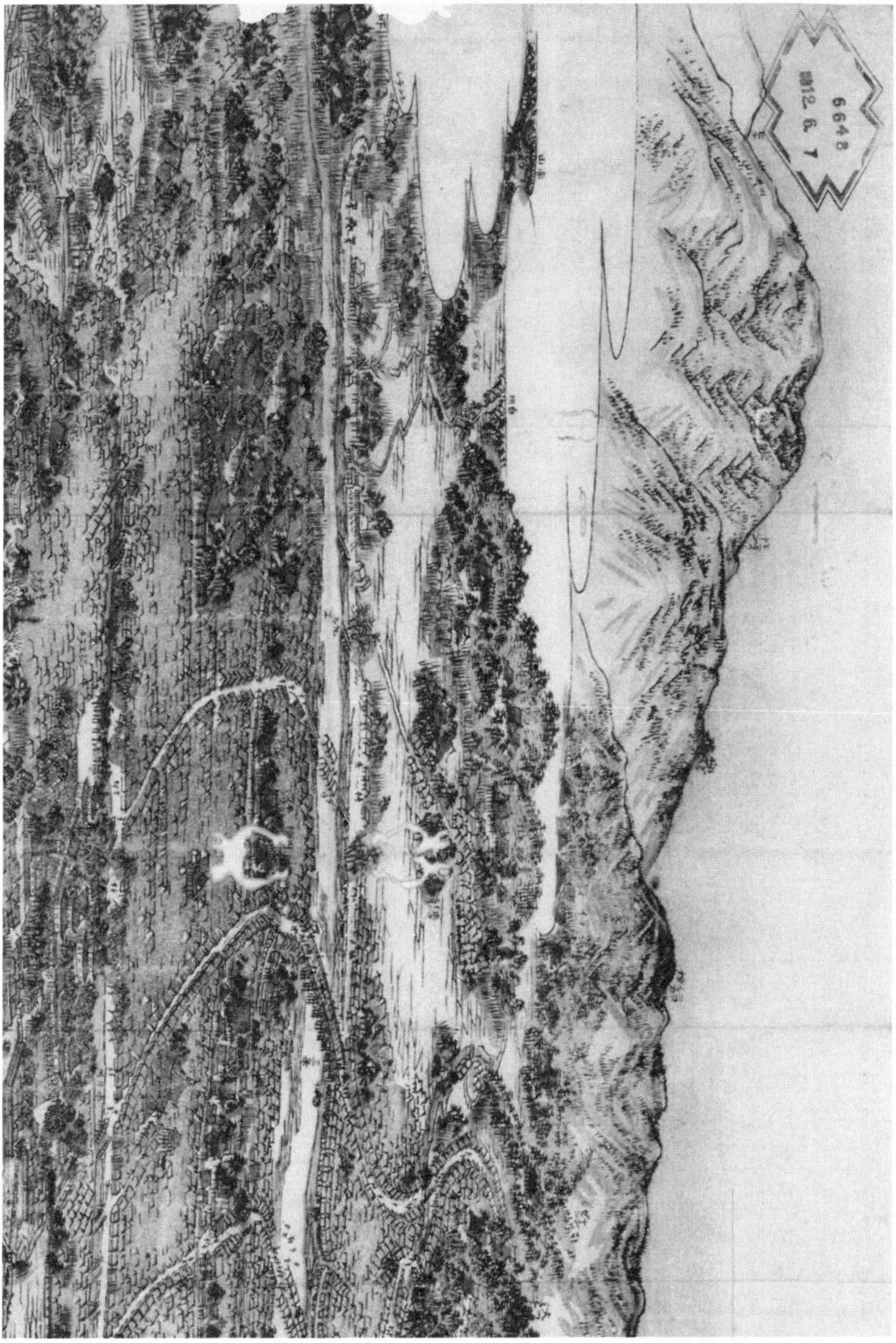

図1　「花洛一覧図」（1808年〈文化5〉　龍谷大学大宮図書館蔵）　横山崋山原画の刷物（部分）

①画面の上部の左は比叡山山頂部（その左は四明岳、右は大比叡）、右半分の東山の中央部は大文字山。
②画面の中ほどは鴨川、左は下鴨神社と糺ノ森、右側（下流）に三条大橋と四条大橋（右端）。

本項では、比叡山を描いた絵図の中で、当時の京都側から見た比叡山の植生を推定する手掛かりになる二点を紹介する。

（1）「花洛一覧図」

「花洛一覧図」（横山崋山原画）は、京都を俯瞰的に捉えた鳥瞰図《ちょうかんず》で、多色刷りの紙本・木版刷であり、四種類の刷物が知られている［八反祐太郎、二〇一八］。その中で広く流布した刷物の一枚が「京都市歴史博物館蔵（大塚コレクション）」のものであり、彩色が精緻で植生の識別が可能である。後述する「龍谷大学大宮図書館蔵」は、同じものであるが上部の余白が約五センチ裁断されているので、比叡山の量感が損なわれている。

小椋純一［一九九二・二〇一二］は、龍谷大学大宮図書館蔵の「花洛一覧図」（横山崋山原画の刷物、一八〇八年〈文化五〉刊行、縦三六センチ・横六四センチ、折りたたみ一七センチ）を詳細に検討した（図1、部分）。絵図の背景に描かれている比叡山から東山の山容の地形が正確に描かれていることに着目し、当時の植生が推定できることを初めて明らかにした。絵図に描かれた比叡山は、鴨川の京都府立医大付近の右岸から見える山容であり、樹木がほとんどない灌木地・草山・土砂流出地のハゲ山になっている。ただし、この絵図は京都側から見える比叡山の姿であり、稜線の背後の延暦寺の主要な領域は描かれていないことに留意すべきである（後述する延暦寺領を主に描いた「比叡山全図」には、草山・ハゲ山だけではなく、森林が描かれている）。

このような植生景観は、古島敏雄［一九七五］や所三男［一九八〇］がすでに指摘しているように、燃料を山に求め、肥料の供給源を山野の草木に求めた当時の生業により作り出されたのである。長野県伊那地方では、田畑を維持するためには、一〇〜一二倍の芝草採取のための林野が必要であった［中堀謙二、一九九六］。水本邦彦［二〇〇三］は、比叡山一帯の植生は山麓の村々の農業活動によることを指摘している。

さらに「花洛一覧図」に描かれている比叡山の植生景観は草山・ハゲ山であるが、それを裏付ける文献を探ると、最も古い記録は、平安時代の藤原宗忠《ふじわらのむねただ》の日記『中右記《ちゅうゆうき》』である（『増補史料大成』一一、増補史料大成刊行会編、一九六五年、臨川書店）。それには、嘉承三年（一一〇八）三月三十日（原文は天仁元年）に、「今夜山之大衆下京　擧火下従山間如星連」とあり、雲母坂《きららざか》を強訴《ごうそ》に下る延暦寺の大衆が掲げる松明《たいまつ》が連なる星のように見えると記され、すでにこの時代に高さ二、三メートル程度の低木や草地が優占する景観が優占していたと推定できる。

（2）「八瀬童子会文書」から読み取る景観の歴史と現在の植生

八瀬《やせ》村（左京区八瀬）は天皇、公家、幕府と深い関わりをもつ特別な村であり、中世以来の貴重な「八瀬童子会文書」が守り伝えられている［宇野、二〇〇七］。この文書は、京都市歴史博物館編『叢書 京都の史料4 八瀬童子会文書』（二〇〇〇年）として活字化され、宇野日出生氏の詳細な解説がつけられている。その一部に比叡山の京都側の山腹の植生利用に関して推測できる資料があるのでとりあげてみよう。

【八瀬村と高野村】 八瀬村の南に接する高野村（左京区上高野）は、江戸時代を通じて八〇〇石ほどの禁裏御料地であり、物産としては石（比叡山から切り出した花崗岩）と薪が知られていた［中村治、二〇一八］。『八瀬童子会文書122「八瀬村と山論に付高野村訴状」一六六四年〈寛文四〉』には、高野村が延暦寺に山年貢を納め、比叡山の西塔南尾谷と東塔西谷の一画の利用権を得て、八〇〇石分の田畑の肥料としての芝草を刈り取っていたこと、さらに御所で必要な馬の飼い葉、新年の門松、正月から六月一日まで根引きマツ、コシダ、ユズリハ、ふくさわり（不明）などの儀礼用の植物を納める里山利用をしていたことが示されている。

『同124「高野村と山論に付八瀬村返答書」一六六五年〈寛文五〉』には、八瀬村は女院御所の山百姓として、年貢の薪を合計五二八〇束納めている。さらに人口九〇〇人ほど、石高二六〇石にすぎず、毎日柴木を刈り京都に売りに行き暮らしを立てている。これに対して、高野村は人口四〇〇人ほど、田畑が多く八〇〇石である等が記されている。

上記の三五〇年前の八瀬村と高野村との、山の利用を巡る争論から、延暦寺領の一部が田畑の肥料のための草刈り地や植物を利用する里山であったことが明らかになった。また八瀬は人口が多いが田畑が少なく、薪を切って京都へ出すことを主たる生業《なりわい》としていたことがわかる。

【八瀬村と延暦寺】「老中連署山門結界絵図」（一七〇八年〈宝永五〉、八瀬童子会蔵、彩色図、縦一二七センチ・横一四四センチ、重要文化財）は、延暦寺の主張する領域を白筋で示し、八瀬村と延暦寺との境界を墨筋（黒線）で記したものである。墨筋を越えて八瀬村が比叡山に入ることを禁じた図であり、当時日光にいた日光准后《にっこうじゅごう》（輪王寺宮公弁法親王、第一八八、一九〇世天台座主）からの要請を受けて幕府が作成し、八瀬村に下付（命令）したものである。『同126「老中連署山門結界絵図裏書」一七〇八年〈宝永五〉』は、その絵図の裏書である。その内容は、八瀬村の住民の往来を大幅に制限するものであり、生業を薪や炭の生産に依存する八瀬にとっては伐採区域の制限は死活問題になり、江戸に赴き幕府に愁訴した。絵図が描かれてから二年後の『同128「江戸幕府裁許状」一七一〇年〈宝永七〉』は、墨筋を越えて比叡山領に立ち入ることは許されなかったが、八瀬村にある私領と寺領を他所に移し禁裏御料地とし、年貢諸役は一切免除になった。この特別の経緯で墨筋の範囲は、すべて八瀬村の柴薪の伐採地となった。この税の免除は一九四五年（昭和二十）まで続いた。

上記資料から読み取れることは、八瀬側の比叡山の山腹斜面が、約三百年前から（特別な経緯を経たが故に）八瀬村の柴薪の大面積伐採地であった歴史が存在していたことが特徴としてあげられる。一九五〇年代の燃料革命（薪・炭から石炭・石油・電力への転換）が始まって六十年余り経過した現在の植生の状況は、コナラ雑木林からは柴薪を採取することはなくなり、尾根筋のアカマツ林はマツ枯れにより退行し、雑木林に移行しつつある。山腹斜面の上部はヒノキ植林、斜面下部から谷筋はスギ植林に変わっている。自然植生は、八瀬天満宮の周囲の小面積のシイ林などに痕跡的に残っているに過ぎない。

「比叡山全図」に描かれた植生、現在との対比

「比叡山全図」（江戸時代・十七世紀、比叡山延暦寺、叡山文庫蔵、彩色図、縦二八四セ

ンチ・横三二八センチ）は、二〇一五年に大津市歴史博物館で初公開された。この貴重な初公開絵図から、今まで知ることが不可能であった江戸時代前期の比叡山の植生を本稿で明らかにしてみたい。

江戸時代前期の延暦寺領内の三塔十六谷を中心に、東は琵琶湖岸、西は八瀬、高野、雲母坂までを上から俯瞰した絵図である。地形の表現は正確で堂舎、道、名所、名木、名水が記されている。峰道には木は無く、現在は植生に覆われて見えない不動三尊、五百羅漢などの名石が記されている。また、横川の寂静水や如法水などの名水も記されている。この絵図から想いおこすのは、「峰の白鷺《しらさぎ》、谷の鈴虫」、すなわち峰道を回峰する白衣の行者と、谷の寺に籠もる僧侶の読経の声である。

植生の表記は、草地、アカマツ（長楕円形の樹冠の木）、針葉樹（直立した木）、広葉樹（幹が分かれた木）、竹（株元から叢生）であり、日本最古の植生図と言って過言ではない。竹は琵琶湖岸の集落や堤防沿いに描かれている。植生から推定すると一五七一年（元亀二年九月十二日）の織田信長の焼き討ちは、山林まで及んでいない。この絵図が描かれたのは、一六四二年の根本中堂再建後、約五十年経過した頃であろう。それは約三百年前の山の植生を推定し、現在の植生の由来を考察し、将来の森を考える資料としても貴重である

（図2・3）。

【草地とアカマツ林】 大比叡、四明洞（四明岳）から峰道、小比叡（横高山）は淡緑色から淡茶色に彩色され、草を刈った「芝草刈り地」の草山である。アカマツは主に中腹以下を占め、アカマツが点在する草地は、燃料と草を採取した「柴草刈り地」であろう。小比叡の山腹のアカマツは、『近江名所圖會』巻之三（一八一四年〈文化十一〉、翻刻一九七四年、柳原書店）に「松茂《まつしげ》る故《ゆえ》に、二宮林《にのみやばやし》と云ふ」と記されている松（アカマツ）であろう。大比叡の叡南にある智証大師御廟と周辺に現存するブナなどの樹木は描かれていない。

ちなみに、「比叡山全図」に描かれている草地とアカマツ林の領域は、約二百年が経過している明治時代初期の柴草刈り地とほぼ一致している。すなわち、今回初めて明らかにした比叡山の山林利用の実態を記した資料である「比叡山官山下柴草刈取之願・一八七九年（明治十二年八月二十九日）」（滋賀県歴史的文書〈滋賀県〉の滋賀県山林部『人民諸請願書』棚第九一一号）によれば、一八七一年（明治四）に上知され官有林になった「林区第4号字比叡山」（総面積一一一八町一反五畝一八歩）は、合計七三六町八反四畝二歩（約六六パーセント）が、滋賀県側の坂本村（大津市坂本）など九村と京都府側の高野村

写真1　モミ林と比叡山探鳥会　黒谷青龍寺の上部　標高 640m

高木層にモミ、イヌブナ、ツガ、亜高木層にシキミ、コハウチワカエデなど 20 種、低木層にヒイラギなど 10 種がはえる。中間温帯林のモミを主とする林の構成種がよく保全され、比叡山の生態復元のモデルになる。モミの樹齢は約 200 年前後、倒木の樹幹の年輪を調べると約 30 年から 100 年間の成長がよい。階層構造が発達したモミ林は、野鳥の種数も個体数も多い。左より二人目は長谷川博氏。（2015 年 5 月 30 日）

（左京区上高野）を併せた一〇か村の柴草刈地であった。その柴草刈取代金の総額は年間一〇七円九六銭三厘であった。この資料には、山麓の村により古くから柴草刈りが行われていたことが記されている。

【針葉樹】　常緑の針葉樹は一括して描かれ、スギ・ヒノキ・モミの区別はできない。堂舎を取り巻く針葉樹は森厳を維持するに適したスギであろう。落雷を避けるために堂舎の周りにスギを植えたという。ヒノキは京都大学北部構内の北白川追分町縄文遺跡（標高六二メートル）から、毬果や枝葉が出土しており（伊東隆夫ら、一九八五）、また大津市の田上山（花崗岩からなる山）は藤原京の造営にヒノキを伐り出しているので、筆者は比叡山（特に花崗岩地帯）にも野生ヒノキがあったと考えている。また植林したヒノキも種子をつけよく若苗ができる。モミは標高二〇〇メートルから山頂部まで広域に分布する優占種で、種子もよく着き、発芽した実生は、日当たりの良い場所では約十年後から急速に成長するので、少なからざる範囲にモミがあるはずである（図3）。現在、見事な中間温帯林のモミ林がある黒谷青龍寺の上部や無動寺谷も同じく描かれている。この現存するモミ林は三百年余りの植生遷移をへて成立していると考えている（写真1）。

【スギの植栽】　現在の状況から植栽スギと判断できる例をあげる。根本中堂の周囲には

図 2 「比叡山全図」(17 世紀末　叡山文庫蔵)(部分)　東塔東谷の天梯権現山

①画面の中央部、坂本から根本中堂に至る本坂の右側に、広葉樹 (幹が分かれた木) が群生するのは天梯権現山の森。広葉樹は、この地域の天然林（原植生）のブナであり、植生の垂直分布の下限である。現存のブナ林の範囲より面積が大きく描かれている。画面下の左側の建物は和労堂。

②森の中（左上部）には天梯権現社。森の左の聖尊院は焼失し小堂になり、左下の檀那先徳は檀那院覚運廟、覚運廟から右方向への道が森の下限である。いずれも現存している。

③草地、針葉樹（直立した木）とアカマツ（長楕円形の樹冠の木）の散在する草地は、柴草刈り地であろう。1879 年（明治 12）の文書（滋賀県歴史的文書）によれば、東塔東谷は往古から京都側の高野村（左京区上高野）の柴草刈り地であった。

④画面の左側の 4 箇所の山坊と和労堂は現存しない。

他に比べて小型なスギが描かれている、今回の根本中堂の改修工事のため二〇一六年に伐採された二本のうちの一本は、根元直径一四五センチ、樹齢三二五年。一六四二年（寛永十九）の根本中堂再建後の一六九〇年（元禄三）頃に植栽された木である。この二本のスギの根元の円盤は、京都大学生存圏研究所材鑑調査室・杉山淳司氏に研究を委託した。年輪ごとの炭素・酸素の同位体分析により三二五年間の気温・雨量の推定が可能とのこと。

叡山の三魔所（人が立ち入らない特別な霊域：慈忍和尚廟《じにんかしょうびょう》、天梯権現山《てんだいごんげんさん》、元三大師《がんざんだいし》御《み》廟《みょう》）のうちの一つ、飯室《いむろ》の慈忍和尚廟の墓石とともに描かれている針葉樹はスギである。慈忍和尚は天台座主第十九世尋禅《じんぜん》（九四三—九九〇）である。いつ訪れても参道のスギの巨大木群が発する霊気に五感が揺るがされる。

村田源・藤戸政博［二〇一五］は、巨大スギ一七本のうち、二〇一三年に傾き伐採された一本について、根元に空洞があったため、地表から高さ約四メートル（直径一二九センチ）の樹齢を三百八十三年と推定している。すなわち、年輪が残っている三百六十六年と、空洞になった中心部への約八センチの年輪を十七年と仮定した結論である。一六三〇年頃には、樹高四メートルに達していたことになる。

現存する一六本のスギは、ＤＢＨ（胸高直径・高さ一・三メートルの直径）一五〇センチ以上が七本、最大一七三センチ。DBH一〇五センチから一四一センチは八本、最小はDBH八六センチである。この場所は斜面の最下部、近くに谷水が流れ、風あたりが強くないスギの生育適地である。慈忍和尚廟のスギは一五七一年（元亀二）の織田信長の比叡山焼き討ち以前から植え継がれてきたのであろう。

【天梯権現山のブナ林と広葉樹・図2】　広葉樹は、東塔・無動寺・西塔・横川などに、針葉樹とともに描かれているが、現在は該当する場所に広葉樹がない例が多い。とりわけ驚くのは天梯山に一群の広葉樹が描かれ、しかも現在のブナが生えている部分より大面積に描かれていることである。麓の坂本からの本坂に沿って、檀那先徳覚運廟から聖尊院までを南限に、覚運廟から東谷下墓方向への道を下限とし、その森の中の左上に天梯権現社が記されている。

天台宗全書第二四巻「天梯峯」『山門名所舊跡記　巻第一』一七四四年（延享元）にこの森の由来が記してあることを教えられ、下記の内容に驚愕し、感動した。

「台州天台亦名《ク》二天梯一。此峯似二天梯一故名《ク》。相傳《ニ》云。上州妙義権現祭二法性坊尊意贈僧正一。権現曾託曰。我為レ護二吾山一毎日一歸二叡岳一止二息天梯峯一。所《ノ》従眷族亦多。此峯《ノ》

林樹勿㆓敢伐㆒。土石勿㆓敢穿㆒。至㆑今此峯ノ四邊雖㆓枝葉㆒不㆑去㆑之。雖㆓塵砂㆒不㆑除㆑之。稱シテ云フ㆓魔所ト㆒。」

（解訳）中国浙江省天台県の台州《たいしゅう》の天台山は、またの名を天梯という（斎藤忠［一九九八］によれば、平安時代から鎌倉時代の僧侶の憧憬の霊地）。この峯は天梯に似ているので名づけられた。伝えによれば、法性坊尊意贈僧正（天台座主第十三世尊意僧正〈八六六―九四〇〉）が、上州の妙義権現を祭った。権現のかつての託宣にいわく。山を護るために毎日一度比叡山に帰り天梯峯で休息する、従う眷属もまた多い、この峯の木々を伐ってはならない、土も石も穿《うが》つことはならない。今に至るまでこの峯の周囲は、枝葉といえども、これを取り去らず、塵や砂といえども取り除くことがない。これを称して魔所という。

この禁令は永く守り伝えられ、江戸時代末期の比叡山の案内記『御山の志を里』（一八三二年〈天保三〉、松嶋昌壽堂、近江国坂本村）には、天梯権現は「當社ハ諸人の参詣を忌ミ嫌ふとて住山僧侶も近づかず　石階の下にて法楽《ほうらく》されるなり」と記されている。

筆者が驚いたのは、本来なら人が立ち入れない遠隔地に原植生が残っているならわかるが、人が往来する道に近接して天梯山にそれが残っていることの理由が、上記の宗教文化の規範によるものであり、現在までそれが生き続けていることである。天梯山は比叡山の三魔所のうちの一つであるので立ち入らず、このブナは延暦寺一山や地域の人たち以外に知られることはなかったようだ。植物学研究者は一九六〇年の学術調査で初めて案内されて確認したが、この地域の原植生のブナの自然分布の最下限であり、学術上も極めて貴重な林である。千年以上前から記録のある原生林が、人が往来する道に近接して千年余にわたり護持され続けて来たこと、宗教・文化の規範が生き続ければ千年以上にわたり自然がよく保たれること、これは現代の自然保護観を超絶している。筆者は日本国内にも、国外にもその例を知らない。現在も人が立ち入りにくい雰囲気が漂っており、延暦寺がその状況が保ち続けることを念じている。北村四郎［一九六二］は、「今ある原生林は延暦寺がつくったものともいえる」と讃えている。この森の現状については五節でのべる。

【横川の堂舎と植生・図3】　横川には広葉樹が多く描かれており、元三大師御廟《がんざんだいしみみょう》（画面上の右端）の周辺の現存するブナはその一部が残ったものであろう。鐘楼（画面中央）から恵心僧都御廟《えしんそうずごびょう》（画面中段の左端）にかけての道沿いの広葉樹は、現在は見られない。

図 3 「比叡山全図」（17 世紀末　叡山文庫蔵）（部分）　横川の堂舎と植生

①画面の左上の小比叡（横高山）の山腹と画面の下部のアカマツ（長楕円形の樹冠の木）の散在する草地は、柴草刈り地であろう。

②画面の上の中部は中堂（横川中堂）、すぐ上は龍が池、右端は元三大師御廟。画面の中の右側は四季講堂。

③堂舎の周りの針葉樹（直立した木）は、植えたスギとヒノキと原植生のモミを一括して描いたものであろう。広葉樹（幹が分かれた木）は、原植生のブナ、イヌブナなど。恵心僧都御廟（画面中段の左端）への道沿いの広葉樹は、植えたカエデ類であろう。

④横川の堂舎の周囲には、15 箇所に現存しない山坊が描かれている。恵心僧都御廟の下・画面の左下の戒心谷の３箇所の山坊は、坂本に里坊が現存する瑞応院、大林院、龍禅院であろう［武覚超、2008］。戒心谷の広葉樹の林は現存しない。

戒心谷（画面左下）には三ヶ所に山坊が描かれ、武覚超《たけかくちょう》［二〇〇八］が記す瑞応院、大林院、龍禅院にあたると考えられる。戒心谷の広葉樹の林は現存しない。山坊が針葉樹に取り囲まれているのは、落雷を避けるために堂舎の周りに植えたスギであろう。堂舎から離れた針葉樹は、原植生の優占種のモミを交える林、広葉樹はブナ、イヌブナ、カエデ類などの落葉樹であろう。画面中央部の解脱谷は、朱雀天皇（在位九三〇—九四六）御幸の折、ここの紅葉を愛でられたことから名づけられた御幸紅葉が伝えられている［武覚超、二〇〇八］。アカマツの散在する草地は永年の柴草刈りにより成立した柴草刈り地であろう。画面左上のアカマツは、先に述べた小比叡の山腹の「二宮林《にのみやばやし》」の一部であろう。

横川は大宮川などの水源域であり、標高六〇〇メートルほどの平坦面に龍ヶ池、円仁ゆかりの湧水の如法水、また寂静水などの名水も現存し、落葉樹の生育に適した森林立地である。現在でも秋にとりどりに紅葉するブナ、イヌブナ、ハウチワカエデ、コハウチワカエデ、オオモミジなどの種類も多く、ミズメ（樺、樺尾谷又は香芳谷にちなむ）、ハリギリ、ミズナラ、ケヤキ、シラキなどもある。これらの落葉樹は春の芽出しも新緑もとりどりに美しく、生命の躍動を発散する。現在はスギ・ヒノキの植林が目立つが、往時は落葉樹が多く、静寂で美しく、自らの心を深く見つめ、学問に集中できる環境であったことを想う。この静寂な環境を生態復元・創成して、山林修行の場を育てていくことは現代の人の役割である。紅葉が見頃の木になるには五十年以上、二百年の時を要する。横川の平坦面が広いのは、古生層と深成岩の閃緑《せんりょく》斑れい岩との境界部にあたり、母岩が固く変性し侵食されにくいためであろう。元三大師御廟の現状については五節でのべる。

【谷沿いの植生】　この絵図では大宮川の横川に至る谷沿い、大宮川の落合から東塔、西塔に至る北谷などの沢沿いの植生は、樹木が疎《まば》らな草地である。学術調査での鈴木時夫［一九六一b］による「谷型の自然植生は全く残っていない。全部がスギの優良林分に更新されたらしい」との指摘に一致している。この谷沿いはトチ、カツラ、オニグルミ、ケヤキが生える渓畔林が成立する立地であるが、すでに消滅している。なお、北谷は現在立ち入り困難な難所である。

横川の長﨟より「比叡山にトチがないのは何故か？」との質問を受けたが、この絵図が示すように大宮川流域を含む沢沿いから山腹下部の原植生の渓畔林は、約三百年前にはすで消えている。

比叡山麓の穴太《あのう》に近い標高二五〇メートルの縄文時代晩期の墓地からトチとイチイガシの樹根が発掘されており［吉良竜夫、二〇〇三］、琵琶湖底の粟津遺跡からトチの実が発掘されている。また伊東隆夫ら［一九八五］は、京都大学北部構内の北白川追分町縄文遺跡（標高六二メートル）からトチ、カツラ、オニグルミなどの木材を確認している。したがって、筆者は比叡山からはトチは人為により消滅したと考えている。カツラ、オニグルミの自生地は谷筋であり、生育の可能性のある北谷などは踏査が不十分である。カツラは無動寺谷の玉照院の山門近くにあったが、傾いたので最近伐採された。ただし、このカツラは植栽されたものであろう。

ケヤキは、渓畔林から斜面下部、急な斜面などにも生育し、崩落した土砂が堆積した崖《がい》錐《すい》は最も生育に適した場所である。無動寺谷や大椴谷などの山内にも点在しており、明治時代の植樹の記録もある。清水擴［二〇〇九］の研究から、ケヤキ（欅）の記録を遡ると、平安時代末期の一一六九年（嘉応元）の横川中堂の再建にあたり『山門堂舎記』の内容を適記したなかに、横川から伐り出したケヤキ材の記事が出ている。往時は比叡山には用材に使えるケヤキがあったことが推察できるが、現在は用材として利用できるケヤキはほとんどない。生育適地では成長が速いので百年ほどで用材として利用できるようになる。将来の根本中堂の修理用材の確保、また水源涵養林としても望ましい樹種である。

ただしケヤキ林育成には、スギ、ヒノキの育林技術はほとんど通用しない［有岡利幸、一九九二］。有岡利幸氏などの専門家による適地の選定・技術指導が不可欠である。

将来、大宮川流域の渓畔林の生態復元をはかる際には、ケヤキ、オニグルミ、カツラなどの自生の植物に加えて滋賀県内の最も近くのトチを導入することを検討してほしい。トチは花蜜も多く、昆虫を集め、生態系を多様化させる。また、広葉樹の落葉は水生昆虫の餌となり、水質を浄化させる。渓畔林の生態復元は、水源涵養機能を促進することにもつながる。

四　比叡山の延暦寺領の原植生の推定とその変容

北村・四手井［一九六一］は、比叡山全般の「極盛相森林植生」（注：人が攪乱する前の植生・原植生）を推察することは非常に困難としている。しかし、上述の新資料の「比叡山全図」や文献や、筆者の野外調査による原植生の構成種のブナとイチイガシの新分布地点の発見により、延暦寺領が元々どのような林であったのか（「原植生」）を推定することが可能になった。原植生の痕跡を留めているものとして、ブナは主稜線部（標高八一〇〜八三〇メートル）の智証大師御廟の周囲に五本、大比叡山頂付近に二本、ロープウェイ比叡駅の近くに八本の大木がある。また、二〇一九年になって、伝教大師の御廟の浄土院の傍（標高六六四メートル）にブナの大木（DBH七一・三センチ、約二百年生）が一本あることに気がつき驚いた。近くにはイヌブナもある。霊域には原植生が保存されつづけてきた証である。イチイガシは八王子山の標高三〇〇メートルに一本を確認した。玉井重信ら［一九七九］の京都盆地の温度気候（温量指数）から推定した自然植生の植生帯と対比して、比叡山の自然環境の特性を考慮に入れると、湖水面（標高八五メートル）から主稜線（標高八四八メートル）に至る、「原植生の植生配置」の推定は以下のようになる。

（1）標高一〇〇メートル前後から四〇〇メートル前後までは常緑広葉樹林帯。

穴太の縄文遺跡でイチイガシは樹根が発掘されており［吉良、二〇〇三］、また八王子山の標高三〇〇メートル付近で新たに一本を確認したことから、常緑広葉樹林帯の下部は、イチイガシを主とする森林あったと推定できる。しかし、歴史に記録を止める以前に農耕・居住地に置きかわっている。

標高二五〇メートル前後までの山腹斜面はシイを主とする林、飯室の安楽律院周辺の標高二五〇メートル付近にシイ林が現存している。日吉大社の八王子山の標高三〇〇〜三八〇メートルのツガ林は、地形的要因で成立している自然植生である。上部の標高四〇〇メートル前後に至る常緑カシ林は、現在ほとんど消滅し、その構成種のアカガシ、ウラジロガシなどが点在している。

（2）標高四〇〇メートル前後から六五〇メートル前後は「中間温帯林」であり、モミを主とし落葉樹のイヌブナ、ミズメ、イタヤカエデ、ウリハダカエデや常緑広葉樹のアカガシを交える林である。現在、花崗岩地帯の無動寺谷には大面積にモミ林が残っている。

（3）標高五八〇メートル前後から主稜線の八四八メートルまではモミ・ブナの混交林に野生スギを交える林。

標高五八〇前後から六五〇メートル前後は中間温帯林とモミ・ブナ混交林との植生の移行帯にあたる。

（4）標高三〇〇メートル前後から五〇〇メートル前後の大宮川の渓谷と北谷の沢沿いの原植生は、トチ、オニグルミ、ケヤキなどの広葉樹を主とする渓畔林であり、鈴木時夫［一九六一a］による植物社会学の「ハルニレ群団」に相当する植生である。しかし「比叡山全図」が描かれた十七世紀末には、すでに消滅している。

植生分布の標高に重複があるのは地形、斜面方位により気象条件が異なるためである。

最澄は七八五年（延暦四）七月中旬に山林修行の場を求め、比叡山に登り「松柱柴扉」

の草庵を造り、虚空蔵尾《こくうぞうお》に霊倒木（筆者推定：カヤ）を求めて草庵で尊像を敬造し、その近くに七八八年（延暦七）に初めて三宇の堂を建立した。その草庵の後身が本願堂であり、根本中堂の北側の谷に旧跡（注：標高六四〇メートル）を残している［池山一切圓、一九八八］。その場所こそ、中間温帯林とモミ・ブナ混交林との移行帯にあたる。のちに発展した東塔・西塔および横川の境内地も同じく植生の移行帯である。

野生スギの存在を推定したのは、伝教大師の和歌からである。

「波母山《はもやま》や小比叡《をひえ》の杉《すぎ》のみやまいは　嵐《あらし》も寒《さむ》し問ふ人もなし」

これは日吉地主権現の御歌となむ（風雅和歌集）

波母山と小比叡すなわち横高山（七六六メートル）に坐《いま》す地主《じしゅ》の神にことよせた和歌である。この杉は野生スギであろう。比叡山には堂の周囲に植栽された樹幹が直幹性のスギの他に、尾根上などに生え幹が曲がり太い横枝が出る大木がある。地主権現の旧跡のスギや峰道の玉体杉、登仙台の一本杉、また天梯権現山にも五本ほどある。植栽されたスギは各地から苗が持ち込まれたものである［北村、一九六一］。森川宏映師と比叡山のスギの遺伝子研究について話し合ったことがあるが、比叡山探鳥会（後述）の分子植物学者の岡田清孝氏によれば、現在はスギの遺伝子解析による由来の推定はできるとのことである。ブナも明治以降多く伐採されているが、その量を推定することは現在はできない。「比叡山全図」には、天梯権現山に、分布の下限のブナ生育地（標高五八〇～五四〇メートル）が描かれているのに目を見張る。しかもそれは千年以上前の尊意僧正の禁令にも記されている。ブナ林の多くが失われたが、今回新たに見つかった浄土院のブナや、主稜線部の大比叡の智証大師御廟のブナは、やはり霊域としてあまり知られることなく、守られてきたのであろう。

智証大師御廟からは三井寺方面が見える。三井寺は、長等山を曼陀羅の山とし、経済性・公共性を根本的に見直し、人間と自然とがつながる豊かな山林を取り戻す活動をしている。ともに連携して生態復元を始動し世の中に明るい灯を与えてほしい。

玉井重信ら［一九七九］による、温度気候（温量指数）により推定した比叡山の京都府側の山腹斜面のブナ林の潜在的分布の下限は、標高六六〇メートルである。しかし滋賀県側の延暦寺領の山腹斜面のブナ林の下限は五八〇メートルから五四〇メートルであり約一〇〇メートル低い。違いをもたらす原因は、比叡山の「論湿寒貧」の湿と寒をもたらす、日本海から周年にわたり直撃する湿気を含む気流であろう。比叡山の琵琶湖側は、日本海からの気流が、若狭湾から琵琶湖の湖水面（標高八五メートル）と平野を経て伊勢湾に抜ける通路の西端にあたる。日本海から約六〇キロ離れているが、年間をとおして、多湿・低温な環境がもたらされる。一方、京都盆地側では、気流は標高八〇〇メートル前後の隆起準平原の丹波高原を通過してくるので、降雪量も少ない。このような地形的な要因による気候的な差が植生の垂直分布の違いをもたらしていると考えられる。これを検証するために二〇一六年より藤戸政博氏、上西実氏と気象観測等の共同調査をしており、二〇一八年からは山田誠氏らと比叡山の水文学研究を始めている。

比叡山でこの百年間で、最も失われた自然植生は、標高四〇〇メートルから山頂部に至る中間温帯林とモミ・ブナ混交林の主要な樹木であるモミである。モミは他の樹種との混交林をつくる生態的特性をもっている。モミは日本列島固有の植物であり、常緑広葉樹林帯とブナ林との中間にあって、低山地帯にみられ、その分布は太平洋側の仙台付近から屋久島にまで及んでいる。比叡山のモミ林は植物社会学では「モミ−シキミ群集」に位置づけられている［鈴木時夫、一九六一ａ］。ただし、屋久島や対馬にはブナ林はなく、常緑広葉樹林帯の上部に分布する。比叡山では、モミ林は主に滋賀県側の暖温帯上部の凸型の斜面にみられる［村田源、一九八四］。モミの生える植生帯は歴史に記録を止める以前に、人間に利用されアカマツやコナラの二次林にかわっている。滋賀県内では主に社寺有林に残されてきたが、明治以降も伐採が続いた。延暦寺のモミ林は、現在は山林の二パーセントを占めるに過ぎないが、地域の天然林（原植生）の状態を示す貴重な植生である。京都盆地の近辺では、左京区の鞍馬山と高槻市の本山寺に小面積のモミ林がある。滋賀県林業統計には一九一〇年（明治四十三）以降のモミ材生産量が記されている。滋賀県のモミ材の生産量は年度により統計基準が変化している。延暦寺のある滋賀郡のモミ材の生産量は、一九一〇年（明治四十三）から一九一八年（大正七）にかけて、合計一万四八六九石（滋賀県の総量：一万六二四五石の九一％）である。また室戸台風のあった一九三四年（昭和九）には、モミ材の生産量は滋賀県内の社寺有林から五万五六五〇石（滋賀県の総量：五万七二五二石の九七％）を記録している。モミは植樹されることはなく、比叡山のモミ林は滋賀県内で最大規模であるので、滋賀県内のモミ林の消滅に関連する資料としてあげておく。延暦寺のモミ林の消滅の正確な推定には延暦寺のモミ伐採資料の検討が不可欠である。

比叡山全体の生態系のバランスを考慮に入れれば、モミ林の大面積の生態復元が必要である。中野正剛氏によれば、比叡山のモミは約二百年で立ち枯れ、約二十年するとやがて倒れていくという。この中間温帯林こそ、探鳥会でも最も野鳥の種数も個体数も多い森である（写真1）。

モミ材は軟質で上等な建築材にはならない、家具材や梱包材に使われ、延暦寺では樹齢百五十年から二百年生の大木を大塔婆に加工している。「明治の中頃からから大正にかけて、京都の友禅が諸外国に売れたころ、友禅の張板にモミの一枚板が珍重され、山から多くの大木が伐りだされた」［北村、一九六一］と伝えられ、京友禅の老舗の「千總」の資料館には、長さ八メートル、幅四〇センチ、厚さ二センチのモミの一枚板が、山積みに保管されていた。張板には油分が少ないモミ材が適し、板の両面を使って友禅の型染め一反・約十三メートルの布地を染める。中野正剛氏によれば、張板用のモミは、百五十年生程度の直幹性の木を選んで伐ったとのこと。

モミは有用材ではないので造林されることは無いが、例外として、山口市の佐波川の上流の徳地に「滑山《なめらやま》モミ植物群落保護林」があることを知り、二〇一一年にこの森を見に行った［土屋、二〇一二］。徳地は東大寺の鎌倉時代の再建にヒノキの大径木の用材を伐り出した山である。江戸時代には毛利藩の御立山《おたてやま》（藩有林）になり、その一部の滑山《なめらやま》にはヒノキ、スギ、ケヤキの植林の他に、一八〇三年（享和三）から一八二八年（文政十一）にかけて、山引き苗（野生の苗）を移植してモミが植林された。明治以降は滑山国有林となり、モミ植林地の面積は上原敬二［一九五九］によれば、約二六町（二五・八ヘクタール）であるが、現在は三・五ヘクタールに減少している。DBH五〇～一九〇センチ、樹高二〇～四三メートルに育ち、ウラジロガシ、タブノキなどの広葉樹を伴う自然植生の様相を示しているが、モミの配置は等間隔に近く、一見して植樹によることがわかる。林床には、ナメライノデなどのシダ植物イノデ類の自然雑種の七分類群が生育し［日本野鳥の会山口県支部、二〇〇二］、学術的にも希少なモミ巨木林になっている。比叡山のモミ林の生態復元が実現した二百年後の姿を想像し心がときめいた（写真2）。

筆者の家には二〇〇七年に比叡山から持ち帰った五センチのモミ苗を鉢で育てたものがある。十二年後の現在は一一〇センチになっており、比叡山に植え戻す時期になっている。

社寺の建造に用いられる大径木の用材についてふれれば、東大寺南大門は一一九九年（正治元）に徳地のヒノキで再建され八百二十年ほど経っている。しかし、現在の日本の国土には南大門を建造できるヒノキの大径木はない。山口市徳地の重源の郷・文化伝承館には、南大門の模型（縮尺二〇分の一）が展示されている。大寺院の建造は山河崩壊を引

写真2　滑山モミ植物群落保護林　山口市徳地　滑山国有林33林班

面積3.5ヘクタール。標高400m。中央の木はモミ、胸高直径156cm、樹高約40m。

江戸時代に毛利藩の御立山（藩有林）になり、1803年（享和3）から1828年（文政11）にかけて、山引き苗（野生の苗）を移植してモミが植林された。植林地であるが、ウラジロガシ、タブノキなどの広葉樹を伴う自然植生の様相を示している。ナメライノデ（シダ植物イノデ類の自然雑種）の基準標本産地である。学術的に希少なモミ巨木林になっている。

広島県、山口県内では、姿のよいモミは庭に好んで植えられる。（2011年12月15日）

き起こす側面もある。国内だけでなく、国外にも用材を求め台湾（タイワンヒノキは既に輸出禁止）、ラオス、北アメリカ、熱帯アフリカに及んでいる。諸寺院や神社は木造文化財建造物を維持するための森づくりに、草木国土の復興にも参画してほしい。

五　天梯権現山と元三大師御廟の現状と生態復元について

天梯権現山のブナ林―消滅の危機に瀕する比叡山の象徴・思想を育んだ森―

比叡山で最も大切にされてきた森は、天梯権現山と元三大師御廟である。天梯権現山のブナ生育地を初めて調査した鈴木時夫［一九六一b］は、比叡山の最低標高のこのブナ生育地（標高五八〇メートル）の植生図と森林組成表を作成し、当時の正確な情報を記している。林床のミヤコザサが一九五五年に一斉開花・枯死したためブナの更新が促され、ブナの当年生苗やモミ、コシアブラの幼苗が多く見られた。林縁部の風倒木伐根で調査した数本の年輪数は約二百年であり、ブナ天然林であることを確認している。

筆者は二〇〇七年に現状調査をおこなった。その折に誉田玄光《ほんだげんこう》師に上記ブナ生育地の場所を教えていただき森の中に入った。ブナ、モミ、アカガシ、野生と推定されるスギの大木、ヤマザクラ、早春に白い花をつけるタムシバもあり、原生的な植生に驚いた。鈴木時夫の調査地よりさらに下の覚運廟の北西の標高五四〇メートル地点でアカガシと混生したDBH八〇センチほどのブナの巨木と若木一本を発見した。これが比叡山のブナの最下限である。この範囲は、先述した、今回初めて検討した「比叡山全図」に広葉樹が描かれている部分に相当する。麓の坂本では、天梯山が黄葉すると麦播きをした（中野正剛氏談）ので、まとまった面積のブナのある林が古くからあったことは確実であろう。

鈴木時夫の調査以降、この森の調査記録はなく、一九六〇年当時のブナの苗から成長したブナはない。森の一部には一九六〇年以降にスギとヒノキが植林されており、これにより天然林を構成する植物が新たに発芽・定着・成熟できなくなり、森の循環が断ち切られたことになっている。さらにシカの採食の影響が現れており、草本層、低木層の植物が少なくなり、アカガシなどは樹皮剝ぎにより衰退枯死が始まっている。

中静透氏（総合地球環境学研究所）によれば、天然林では植物体の現存量の約〇・五パーセントから一パーセントが毎年枯死していくので、シカの採食により新たな植物が生えなければ、五十年も経てば森の構造の空洞化が進み、森としての機能がなくなってくるという。

二〇〇九年にはブナは推定樹齢二百〜二百五十年のＤＢＨ六七センチ以上（最大一〇五センチ）が一六本、四九センチ、一六センチ、一一センチ各一本、イヌブナはＤＢＨ一〇二センチが一本あった。現在（二〇一九年）のブナの状況は、二〇〇七年当時のブナの立ち枯れ幹二本は分解し、跡をとどめていない。関西で初めて見つかったブナシメジ（標本は大阪市立自然史博物館）が根元から発生していたＤＢＨ九二センチの大木は二〇一七年の強風で根返りし、倒木には二〇一九年の秋にツキヨタケが大発生した。天梯権現社の近くのＤＢＨ八二センチは立ち枯れ状態になっている。他のブナの幹からは関西新産のタカネムジナタケが発生し、この森が貴重な天然林であることは明らかである。ブナの寿命は二百年から二百五十年程なので、放置したままの状況が続けば、五十年後にはほとんどのブナが消滅するのは明らかである。

近年、太平洋側のブナ林は結実と発芽可能な健全種子が稀になっている。筆者は、二〇〇九年にＤＢＨ六七センチ以上の一六本のうち一五本のブナが大量の実をつけたことを喜んだが、発芽可能な健全種子をわずかにつけたのは枝振りの良いＤＢＨ七九・六センチの一本だけであった。講義で紹介すると三人の学生が共鳴して、十月中旬から落ち葉の間から種子を拾い集め二〇〇粒を探し出した。他の一本からは二粒だけ見つけた。それ以外は

写真3
天梯権現山のブナ林

日本海からの気流を受ける、東よりの北に開けた尾根にある。標高580m。

このブナは胸高直径79.6cm、樹高約30m。枝張りがよく、発芽できる健全種子をつけた。この森には現在16本のブナの大木がある。

（2009年10月23日）


平安時代中期の天台座主第十三世尊意僧正の禁令に遡り、千年以上にわたり宗教文化の規範が生きている、思想を育んだ森である。日本で最も古い保護の歴史をもつ。麓の坂本では天梯権現山が黄葉すると麦を蒔いた。種子から17本の苗を育て植え戻した。

全て不完全種子であった［土屋、二〇一一b］（写真3）。

このブナの種子は、宇治市植物公園（本間和枝園長）に委託して苗を作っていただいた。栽培技術の未熟な人が育てた苗は枯死した。二〇一三年に山の気候に慣らすために苗をガーデンミュージアム比叡に移し、藤戸政博氏が育成した。それらの一七本の苗を、二〇一四年に延暦寺が設置した周囲三〇六・八メートル、面積〇・二六ヘクタールの「防鹿《ぼうろく》柵《さく》」（京都大学農学部の高柳敦氏が設計）のなかに植え戻し、二〇一九年には一二〇センチに育っている。

現在、防鹿柵の中には、モミの実生苗が多数発生し、防鹿柵の外では見られないムラサキニガナの花、タカオカエデ、ウリハダカエデなどの多数の実生、数本であるがタムシバ、アカガシ、ブナの実生も出てきた。この試みは成功し、引き続き柵の中の光環境の回復などの順応的管理をおこないつつ「大規模の防鹿柵」設置へ発展することを念じている。

さらに生態復元のためには、植林された木を伐開し、日当たりの良い環境を作り、野生植物の生育を誘導することが必要だ。幸い一九六〇年に鈴木時夫が調査した当時の植物は、周辺域を含めると数は年々少なくなっているが現存している。従って、早ければ早いほどよい。シカの採食がなくなれば、下層植生は徐々に回復してくるだろう。並行していずれ結実するブナや比叡山の主要な自生の樹木のアカガシ、イヌブナ、ミズメ、ウリハダカエデ、タムシバ、ホウノキ、ヒイラギ、シキミなどの木から種子を取り、苗木づくりをする態勢を整えることだ。例えば、ヤマザクラは毎年開花・結実するが、イヌブナは調査を始めた二〇〇七年以来、開花・結実をみたことがない。野生の木本植物の開花・結実は、それぞれの生態学的特性を反映して多様である。

早急に研究者を含む生態復元計画を立案・実行できる態勢を整えてほしい。

先に述べたように千年以上にわたり護持されて続けてきた延暦寺の象徴であり、思想を育んだ森でもある［土屋、二〇一一a］。現代の人の不作為により消滅させてはならない。ブナ林が天然更新できる規模の大面積（約三十ヘクタール程度）の自然林を確保することは、現実には不可能である。上述した、今回新たに明らかになった江戸時代前期（十七世紀）の「比叡山全図」には、天梯権現山の森の規模が描かれている。少なくとも天梯権現山全域を大規模な防鹿柵で囲い込み、約三百年間に退行した森を、育成した苗の移植や自然に生えた実生の定着促進など、智恵の限りをつくして、取り戻すことは現代の人がなすべきことであろう。後述する「百年入らずの森」構想は、まずここから始動するのがふさわしい。

元三大師御廟

元三大師御廟（元三大師良源《りょうげん》〈九一二―九八五〉は、平安時代中期の第十八世天台座主）の森は、叡山三魔所の一つである。標高六〇八メートルの北に向かってひらけた尾根の上部にある。景山春樹［一九七五］は「千古の老杉と橅《ぶな》（ブナ）の群落が原生する華芳ケ尾の廟所には　いまも霊気がただよっている」と記している。御廟を取り巻くブナ、イヌブナ、モミ、ミズナラなどは原植生のなごりであるが、すでに自然更新できる森は成り立たなくなっている。

御廟のなかの一本のブナは、二〇〇九年の目視による推定ではDBH約六四センチ、春の開葉から秋の黄葉は、まさに天然の荘厳である。御廟は一七八一年（安永十）や一八一一年（文化八）に改修が行われている［武覚超、二〇〇八］ので、それ以降に芽生えたものであろう。

『岩波寫眞文庫74　比叡山』（一九五二年）の「大師廟近く、木のうろにたまった水をくむ」の写真の木は、拝殿の右側のブナの大木であるが、すでに消滅して手水鉢が置かれている（中野正剛氏のご教示）。

二〇〇九年には、御廟の周囲にはブナは一四本（DBH・胸高直径　最大七九センチ）、イヌブナは五本があったが、すでに二本のブナが倒れ、ブナの若木は皆無である。ブナは木材腐朽菌のツキヨタケが発生すると、やがて倒れて倒木にナメコが発生する、自然林の証である。イヌブナはブナに似るが、樹皮の色と形質が異なり、株元からよく萌芽する。春の開葉は数日のズレがあり、葉の裏に絹毛があり白緑色、秋の黄葉は明るい茶褐色になり、ブナとは異なる。大木が創りあげる景観は、とりどりの生き物の生命と五感で触れ合う場になっている。

ブナの寿命は約二百五十年である。この約五十年間のヒノキの植林や近年のシカの採食等により、若木は一本もなく、このままでは五十年後にはブナは寿命が尽き、ほとんどが消えているのは明白である。早春の横川には、小野蘭山が『本草綱目啓蒙』に記した五加葉黄蓮（バイカオウレン）の白い花が咲く。この花は、比叡山では横川に限られる。歴史に名をとどめる山草の生える環境をこれからも大切にしてほしい。周囲のヒノキ植林（植樹後約四十年～六十年）の扱いを含めて、早急に研究者を含む生態復元計画を立案・実行できる態勢を整えてほしい。

生態復元・自然再生の先行事例

ここで比叡山以外におけるブナ林などの生態復元・自然再生の事例を五例あげてみよう。それぞれにその地の環境条件に即した取り組みを工夫して実行されている。

(一) 中静透氏は、シカの採食により衰退した大台ヶ原のブナ林再生研究に取り組んでいる。調査区の一つは六ヘクタールの大規模の防鹿柵である、シカの採食を排除し続けて、三十八年間の研究でブナ林再生の展望が開けつつある。大台ヶ原では環境省により合計七二ヘクタールほどの防鹿柵が設置され、植生回復の実践が行われている。

(二) 大阪府岸和田市・貝塚市の「天然記念物和泉葛城山ブナ林」では、一九九三年に大量結実した種子から苗を育成、植林地を伐開して植え戻し、二〇一八年には五メートルになっており、「ブナ林再生活動」は軌道に乗っている。これは、江戸時代の岸和田藩からのブナ林保護の歴史的伝統を受け継ぐ地元の人々、中高生、教員、研究者、行政の連携が進み「和泉葛城山ブナ林増殖調査委員会（四手井綱英委員長）」による「提言」が実行され、日本で初めてのブナ林再生活動が進行中である。シカがいまだに進入していないので、採食被害がないのは幸いである。『和泉葛城山ブナ林増殖調査報告書』などが刊行され、現在も調査研究が継続している。他方、県境を隔てた和歌山県側の旧紀州藩領ではブナは保護されてこなかった。そのため森がなく草刈地として利用されてきた歴史をもち、現在は植林地になっている。人間と森との関わりの歴史の違いが如実に表れている。

㈢　秋田県五城目町の「馬場目川上流部にブナを植える会」の活動は、一九九二年以来、大潟村の住民が中心となり、干拓地の大面積水田の用水になる八郎湖の水質浄化などを目指し水源地帯に地元の種子から育成したブナ、ミズナラ、トチなどの広葉樹の樹木苗を植樹している。現在は一万五千本以上になっている。

㈣「白山高山植物園」（石川県白山市白峰）では、高山植物の宝庫・白山の人為に対して脆弱な高山植物の絶滅防止を目指し、白山から採取した種子から、約五〇種類一〇万株の高山植物のお花畑を整備している。この事業は、比叡山総合立体調査に参加した植物分類学者の清水建美氏が一九九七年に着手した。

㈤　九州大学伊都新キャンパスでは、生態学者の矢原徹一氏と福岡グリーンヘルパーの会、市民、学生ボランティアにより、保全緑地と生物多様性ゾーン（九九ヘクタール）が策定され、在来の多様な生物種の保全と生態系の連続に配慮した活動が行われている。子どもたちが植樹する苗はすべて、伊都新キャンパスの遺伝子をもった樹木苗である。

現在では、生態復元・自然再生には、進化の時間を共有している遺伝子をもったその地点の植物から苗を育成して使用している。安易に遠隔地から苗を持ち込んではならない。これは長い歴史をもつ植生を将来にわたって保全するための原則である［津村義彦・陶山佳久、二〇一五］。これらの活動は、多様なステークホールダーとの協働により実践されている。

六　比叡山の自然再生・創成への助走

比叡山で着手している自然の再生に関して、ブナ林に関して上述したが、それ以外のとりくみの一端を紹介しておきたい。まず、希少植物のエイザンユリ（ヤマユリ）の再生の試みがある。ヤマユリは、かつて大正から昭和初期に、大原女《おはらめ》が頭に柴をのせ上にこのヤマユリをさして京の町を歩く姿が見られていたが［竹内敬、一九六二］、筆者も参画した『近畿地方における保護上重要な植物―レッドデータブック近畿―』（一九九五年）では、京都府・滋賀県からは絶滅と認定されている。村田源が比叡山無動寺谷で一九六一年八月一日に採集した標本が京都大学総合博物館にある。

二〇一二年七月二十九日、筆者は延暦寺の一日回峰行に参加し、無動寺で明王堂輪番

写真 4　叡山ユリ（ヤマユリ）

ヤマユリは比叡山では叡山ユリと呼ぶ。その名称は、江戸時代後期の本草学文献に記され、最も古い記録は天保年間（1830 ～ 1844 年）の『千種有功卿天台採薬和歌』［森村廣太郎、1927］である。かつては比叡山内の各所にあったが、現在は無動寺谷の穴生積みの石垣に残存する。（2012 年 7 月 29 日）
栽培環境下では、種子から最短 5 年で開花する。ササユリ（開花は 6 月）とともに野生回復を待望する。

に出会い、その方から、「ササユリではない大きなユリが今朝咲いたが何だろう?」と尋ねられ見に行きヤマユリであることを確認して驚いた。穴太積みの石垣の間に生え、人の手やシカが届かない場所に咲いていた(写真4)。回峰中に別の場所でも見たといわれる。果実が結実するのは数株に過ぎず、明王堂で毎年種子を採集してもらい、宇治市植物公園の魚住智子園長が苗の培養を引き受けている。五年後の二〇一七年からは花が咲き始め、二〇一八年からは園内で植栽されている。現在、ヤマユリは無動寺の穴太積みの石垣に、花をつけていない株を含め僅かに残っているだけであり、この環境が変更されれば比叡山からは絶滅する。ヤマユリが自然増殖できる環境が整えば、種子から育てた苗を戻すことを考えている。二〇一七年からは龍谷大学農学部の佐藤茂氏が、種子からの速成培養と遺伝子解析の研究を始めている。

次に森林の状態を知るうえで、野鳥の種類や個体数が非常によい環境指標となるので、二〇一二年より「比叡山探鳥会」が行われている。鳥類生態学者の長谷川博の発想は「天然記念物比叡山鳥類蕃殖地」の指定(一九三〇年)に尽力した川村多実二[一九三三]の研究報告『比叡山鳥類蕃殖地』をベースとし、八十年後の野鳥の現状調査を行い、野鳥の生息状況と植生との関係を調べ、野鳥が棲める生息環境を創成する指針を提言すること、さらに将来の野鳥研究者へ繋ごうというものである。渡り鳥研究者の須川恒氏も参加している。

天然記念物指定地は、無動寺から東塔、西塔、黒谷、横川に至る八三〇ヘクタール（京都府一六〇ヘクタール、滋賀県六七〇ヘクタール）、境内林と境外林にまたがり、将来にわたり野鳥の仔育て環境が保たれるべき領域である。

二〇一二年から夏鳥の繁殖期の五月から六月に延暦寺の協力を得て山内に宿泊し、二〇一九年五月には七回目になった。早暁四時からの探鳥、野鳥がよく鳴くのは朝の五時から六時である。例年、東塔から黒谷の大黒山の川村多実二供養塔まで歩き、瑠璃堂に詣でて散会する。

探鳥会では例年三〇種ほど確認しており、長谷川博は種数は八十年前と変わらないが、数が少なくなっていると推定している。野鳥の数の減少は、生息場所になるモミや広葉樹のブナ、アカガシなどの階層構造の発達した林の伐採が進んだためであろう。しかし、一九六〇年には姿を消していたアカショウビン［小野喜三郎、一九六一］が戻っていること、常行堂《じょうぎょうどう》・法華堂《ほっけどう》のスギの梢で記録が途絶えていたオオアカゲラを写真撮影して確認した。野鳥の種数と個体数が多いのは、森林の階層構造がよく発達した自然植生のブナ林、モミ林である。植樹起源のスギの巨木林にも野鳥が多いが、ヒノキ植林地は少ない。

この探鳥会は多様な眼で比叡山の野鳥に触れあい、互いに驚きあい、比叡山を多角的に探求する楽しい交流会である（写真1）。

七　将来の森の在り方への提言

百年間の山林の変遷と将来の展望

比叡山の山林は、比叡山の仏教思想と深い関りをもっていることが特徴であるので、それを将来に繋いでいくことが大切である。

比叡山の山林は一八七一年（明治四）に上知（土地・支配権の没収）されたが、一九〇八年（明治四十一）に一一五九町（一一四九ヘクタール）が立木とともに延暦寺に下げ戻された（山林還付）。延暦寺は山林還付をうけ、東京帝国大学教授の右田半四郎（一八六九―一九五一）に依頼し、当時学生であった佐藤弥太郎（後年の京都大学名誉教授）等の実地踏査に基づき「比叡山延暦寺境外林施業案」を編成、一九〇九年（明治四二）に京都府知事、滋賀県知事により認可を受け上記の施業案の実行に着手した（赤松圓瑞、柴田栄

『大覚』所収)。それ以来、九〇〇余町(約八九二ヘクタール)の植林が行われた[森川宏映、二〇一〇]。筆者は、この大植林事業は、先に述べた坂本村など十ヶ村の往古からの柴草刈り地であった合計七三六町八反四畝二歩(約七三〇ヘクタール、一八七九年〈明治十二〉当時)を含めて行われたと、推定している。

次にこの「比叡山延暦寺境外林施業案」の内容について述べれば、右田半四郎は、門下生の峰一三[一九六九]によれば「森林を生き物としてじっくりと生長経過を観察して原因を追求したいという実証的態度」を貫いた森林経理学者といわれている。この施業案の百年後の実行状況を検証し、百年先の将来計画を立案すべき時期になっている。これには、その五十年後の学術調査で、四手井綱英[一九六二]が指摘した①「繰り返し行われてきた皆伐人工造林による地力の減退問題」、②「特に大面積を占めるヒノキ植林地の取り扱い」、③「花崗岩地帯と古生層地帯の風化土壌の水分特性の違いへの配慮」などの項目を含めた検討が必要である。

森川宏映師は、比叡山の山林をとりまく現状と課題を指摘されている。すなわち、「林業を取り巻く状況はきびしいものですが、先人たちが、山を大事にし、とくに山林還付以降、懸命に木を植え、育てられたお陰で、私共は一時代を乗り越えることができたと考えるとき、私共も次の世代の人々から私たちのお陰だと言われるように、叡智を集めて山を守らねばならないと思うと同時に、境内林を含めて一七〇〇町歩の森林を所有するものとして、地域社会に対する責任も果たさなければならないと思いを新たにしております」[森川宏映、二〇一〇]。

森川宏映師の待望に応えるには、第一に「比叡山林業」すなわち、延暦寺が行ってきた林業について、延暦寺の歴史資料、森林調査簿に基づく植林・森林管理・伐木等を網羅した『比叡山山林誌』を編纂して、将来計画の基盤を築くことであろう。

現在の日本の政策は林業経営に苦難を強い、山河崩壊を助長する状況にある。将来は、かつて収益をもたらした林木生産だけではなく、森林の有する多面的機能の重要性がますます認識されてくるであろう。『森林・林業白書　令和元年（二〇一九）』から一端をあげれば、「山元立木価格」（森林所有者の収入：利用材積一立方メートルあたりの平均価格）の変遷は、最も価格の高いヒノキでも一九五五年は五四一六円、一九八〇年は史上最高価格の四万二九四七円、二〇一八年は六五八九円となっている。林木生産からの収益は見込めない。

延暦寺の事業としてふさわしいのは、仏教の山としての山林を護持し続けることが第一義である。子どもを含めた自然体験の場の創成こそはとりわけ留意すべきことである。また、木造文化財建造物の修理用材の確保に向けた超長伐期の二百〜三百年生のスギ、ヒノキ、ケヤキ材の育成、環境林（生物多様性に富む自然植生のモミ林、渓畔林などの生態復元）の育成、水源涵養林の保全などが挙げられる。延暦寺が、最先端科学と恒に連絡を保ち、比叡山の山林を子どもから修行者にいたるまで、生命の連続性・循環・連鎖を体感できる場所に長い年月をかけて育てあげることを、筆者は念じている。

仏教学者の千葉乗隆氏は二〇〇一年の講演（龍谷大学ＲＥＣ開設十周年記念講演、大津市内）なかで、「仏教は人からバクテリアにいたる生命の連続性を直感的に把握したが、現代の分子生物学がそれを実証していることは、嬉しいことである」旨の言及をされたことに、筆者は深く感銘している。

比叡山の仏教が、比叡山の自然に抱かれている一例を、葉上照澄師の著作から抜粋すれば、「回峰中、忘れられないのは、一面の山紫陽花（ヤマアジサイ）、天南星（マムシグサ）、または山藤（フジ）の花、谷間に見る厚朴（ホウノキ）の白い花、（中略）しかし、それよりも壮大なのは巨大なヒノキ、スギ、モミなどの林立する樹海だ。」、「六月中旬　満山緑に包まれ、横川をこして、やっと東方がほの明るくなったころ、左方琵琶湖が光り、行者のみの小道に、山百合（ササユリ）の群落を見るとき、それをけちらしながら進んでいるとき、その真白の色と言い、その強い匂いと言い、この世ながらの浄土、寂光土という感がする。」［葉上照澄、一九七一］。

六月の京都切廻りに先立つ逆回りのとき、余裕のある回峰行者がササユリを浄土院へ供華に届けてきたと伺ったことがある。薄桃色を帯びた芳香が漂う花は美しい。現在もササユリは日当たりの良い場所に点在している。努めれば七年程度でササユリの咲きそろう景観は再現する。

ヒノキ植林地・スギ植林地・ミヤコザサと下層植生とについて

山中で出会った回峰行者は「スギの林では枝が折れて光がさしこみ、植物が生える。しかし、ヒノキの植林地では植物も生えない。私たちの言葉で言えば、インスピレーションが湧かない」といわれる。実際、台風の後にスギの林を歩けば、大枝が落下している。その場所には光が入り、時を経てスギの落葉・落枝は分解し、新たに植物が生えてくる。回峰行者が山を歩き、全身から感得した叡智に深く感銘する。

比叡山では、ヒノキ植林地は山林の約六六パーセントを占めている。林業をめぐる困難な状況のなかに、間伐を繰り返して育て上げた東塔西谷などの下層植生をともなう百年生以上の見事な大径木林もある。しかし大部分のヒノキ林には、林床に光が入らず植物が生えない。ヒノキの枝葉は晩秋から初冬に落下し、数ヶ月で三ミリほどの鱗片葉と小枝に分解する。鱗片葉は軽いので林内雨（樹冠から落ちてくる雨滴）に流され、林床の土壌侵食を防止する効果がない。これからも森林土壌の流出が危惧される。

これまで育て上げてきたヒノキ植林地を活かすためには、改めて学術調査の四手井綱英［一九六二］の提言に立ち返り、ヒノキ植林地を造林学・生態学の視点から精査して、それぞれにふさわしい森に誘導することである。三百年生のヒノキ林、生態系を考慮してヒノキと広葉樹との混交林への誘導、自然植生のモミ林への誘導、里山林への誘導などがあろう。

一方、スギ植林地は山林の一一パーセントを占めている。谷間の適潤地や多湿地に成立し、スギの葉には関節がなく小枝ごと落下し、林床を覆い土壌浸食を防ぐ、低木層、草本層の種数が多い。また、鈴木時夫［一九六一b］の植生調査でも、瑠璃堂に近いスギ林の構成種は六〇種。亜高木九種、低木一七種、ツル植物五種、草本層二八種で、驚くほど多様である。すでに山内から姿を消した、ジャコウソウがあったが、現在はシカが採食しないミカエリソウ、マツカゼソウ、イワヒメワラビなどが目立つようになっている。

延暦寺境内林のスギ巨木林、とりわけ浄土院から椿堂・釈迦堂にかけての標高六五〇メートル前後の湿性の北斜面・谷沿いの植樹起源の約二百五十〜三百年生のスギ巨木林は、比叡山林業の境内林施業が作り出した回峰道の中でもとりわけ幽邃《ゆうすい》な森である。スギの樹高は四〇メートルほど、大枝には着生ランのセキコクがつき、亜高木層に広葉樹が散在し、低木層・草本層も揃い、森林の階層構造がよく発達している。比叡山探鳥会で訪れると、このスギ巨木林はモミ天然林と同様に野鳥の種数も個体数も多い。オオルリやキビタキは林内の中層を飛ぶ昆虫を飛びながらとらえ、クロツグミは林床の落ち葉を掘りかえして腐植食者のミミズを啄んでいる。鳴き声を進化させなかったキツツキ類は、スギの巨木の幹を叩いて交信している。

現在、比叡山全域で林内の低木層、草本層はシカの採食が進行中である。この林の中でもシカが好まないミカエリソウが目立つようになっている。比叡山探鳥会のシカ研究の第一人者・高柳敦氏は、後世のためできる限りを尽くしてシカの採食から植物を保護することと、防鹿柵の設置には地形の考慮が不可欠であり、維持管理にも専門研究者との協働が不可欠であるという。植物は次第に少なくなっているが、まだ植物種は生き残っているので大面積にわたり防鹿柵で囲み、保護すれば植物は回復する。これは、高柳敦氏らの京都大学芦生研究林での一連の研究（京都大学フィールド科学教育研究センター、二〇〇八年）から実証されている。

神奈川県の丹沢山地では、一九八〇年以前から、数多くの調査・研究、自然資源管理・再生に関わる様々な取り組みが行われ、シカの採食からの植生回復の優れた研究も行われている。また、地域社会の再生は自然再生と密接に関わることが明確にされている［木平勇吉ら、二〇一二］。

この他に、比叡山で留意すべき植物は、山内に広域に分布するミヤコザサである。ミヤコザサはシカの採食を受ける場所では矮小化しつつあり、保護が必要である。ミヤコザサは比叡山の蛇ヶ池が学名（*Sasa nipponica* Makino）の基準標本産地であり、一九五五から一九五六年に一斉開花・枯死し［北村、一九六一］、種子からの実生より再生した。ミヤコザサは、将来必ず一斉開花・枯死するので、その際には種子からの実生が育つ環境を整える配慮を予期してほしい。

ササ類の一斉開花・枯死は森林の再生（樹木の種子の発芽・成長）の引き金になる。さらに、ミヤコザサをはじめとする林内の下層植生の草本層、低木層は、森林土壌中の栄養塩を吸収する機能もあるので、下層植生がなくなれば、森林土壌の流出、流出水の富栄養化を引き起こすことになる。

ちなみに、比良山系のツボイザサは、一九七七年に一斉開花・枯死し、結実した種子から群落が再生するには、七年から十六年かかっている［Makita, A *et al,* 1993］。当時はシカは少なく、シカによる実生の採食は考慮外であった。しかし、京都市北部の北山では、二〇〇四年から二〇〇七年にかけてチマキザサ（チュウゴクザサ）が一斉開花・枯死し、種子からの実生がシカに採食され、林床の裸地化が進んでいる。発芽した実生を防鹿柵で囲みチマキザサの群落再生が試行されている［東口涼・柴田昌三、二〇一七］。

百年入らずの森

延暦寺管理部の文書『百年後の比叡山を見据えて』（二〇一二年、五頁）には、「百年入らずの森」構想を提案する意見が記されている。三百年先を考えよ！　との意見もあると聞いた。

ヒノキ植林とシカの森林植物の採食により、生物種が消滅し、自然の貧弱化、脆弱化を加速している現状を直視して、大規模かつ長期間にわたり「百年入らずの森」を設定する構想は、尊意僧正の法脈をひく、山を熟知した延暦寺一山に最もふさわしい、正鵠を射た見識である。

その構想の一環として、大規模な防鹿柵を設置し、不断の維持管理と順応的な対策を講じる仕組みを整えることである。京都大学芦生研究林や大台ケ原のブナ林再生の先行研究から、大規模な防鹿柵のなかでは植物の回復が予期できる。さらにくりかえすが、比叡山の植物から苗を作り、生態復元・自然再生の研究に基づき植え戻す。これは、すでに自然林の面積が少なくなり森林の再生が機能しなくなっていることによる補助的・応急的対策である。大規模な防鹿柵は比叡山の生物の避難場所ともなる。「百年入らずの森」といっても単に立ち入らずに放置することではない。

現代社会が直面しているのは、人間活動による生態環境の破壊・劣化により、人類史上未曾有の生物種の大絶滅を引き起こしていることである。現在・将来の世代の課題は、この行き過ぎを修正することにある。生態的な復元により植物の保全を行ない、生物多様性を保全する［Volis S., 2019］ことの重要性が明らかになっている。比叡山では、この「百年入らずの森」構想をもとに、千年以上にわたり魔所として保全の歴史をもつ天梯権現山、そして元三大師御廟の森の生態復元とともに、「大面積のモミ林」の生態復元に愚直に取り組んでいただきたい。黒谷のモミ林（写真1）の植物配置をモデルにして、「滑山モミ植物群落保護林」（写真2）を目指した超長期の活動が始動することを待望する。

比叡山は、歴史資料により約百年前、三百年前の山の環境が推定できる稀有《けう》の山である。温帯環境の比叡山のモミ、ブナ、アカガシなどの主要な樹木の寿命は二百〜二百五十年、スギ、ヒノキの寿命は三百年以上である、すなわち樹木が成長し環境を形成していく時間は、人間個人の寿命の三倍以上である。このことを考慮に入れ世代を継続する、長期的な計画の立案が求められる。人の干渉により変更・変質されてしまった自然を取り戻す「百年入らずの森構想」は前例のない発想である。百年、二百年、三百年先の環境を思い描き、人間・動物・植物の生命の循環を感得できる、静寂で美しい山林修行の場を創生し・継承し続けることが延暦寺に最もふさわしい事業である。

延暦寺は一九八八年以来、比叡山宗教サミットを主催している。平和への祈り、宗教間対話とともに、人間が生きる場の生物種の保全・復元を目指す具体的な実践として「百年入らずの森」は明るい灯となるであろう。延暦寺の担当者との交流のなかで、「三十年先に実際に行う人のことを考えてほしい」と言われたことがある。この言葉に驚いたが、延暦寺には世代を継承して森を育てていく伝統があることを知り嬉しかった。

謝辞

筆者は二〇〇六年に初めて黒谷のモミ林に入り、小面積ではあるが、天然林（原植生）の構成種がよく揃っていることに感動した。その後の二〇一一年に、第二五七世天台座主に上任される以前の延暦寺長﨟の森川宏映師から、比叡山の山林について格別のご教示を承り、調査への暖かなご配慮を賜りました。歴史が重層したこの山の面白さに魅せられていますが、京都大学農学部林学科を卒業された森川宏映師の思いを十分咀嚼することはできておりません。

本稿は、山を熟知された延暦寺一山の方々から学んだことが主要な部分を占めており、未だご教示を受けていない方々は多く、さらに教えを受けることを念じております。調査にあたりご配慮を賜った延暦寺管理部をはじめとする延暦寺一山の皆様に深く感謝いたします。

延暦寺叡山文庫からは、「比叡山全図」の閲覧と図の掲載を許可された事を深く感謝いたします。比叡山の山林を隈なく知悉されている中野正剛氏（日吉製材）からは、昭和二十年代に遡る山と人との関わりを教えていただきました。

また、宇治市植物公園の本間和枝前園長、魚住智子園長をはじめとするスタッフの皆様には、ブナとヤマユリの苗を育成していただいたことから、比叡山の生態復元・自然再生の展望は開かれました。比叡山総合立体調査（一九六〇年）に参加された村田源氏からは、貴重なご意見と励ましを受けました。長谷川博氏は比叡山探鳥会を発議し、参集される会員の皆様とともに比叡山を多面的に考える会なっています。中堀謙二氏とは、度々の議論を交わし、文献を教示していただきました。高柳敦氏からはシカのことの全てを学び、中静透氏からは、大台ヶ原での三十八年間のシカの採食からの植生回復の研究活動を、フィールドでご教示を受けました。田中正視氏からは、歴史に裏付けられた和泉葛城山のブナ林の再生活動を学びました。小椋純一氏、紺野康夫氏、小坂康之氏からは文献のご教示を受けました。近畿中国森林管理局山口森林管理事務所からは「滑山モミ植物群落保護林」の視察に際し便宜を図っていただきました。また、安渓貴子氏より資料の提供を受けました。上記の方々を含め、調査にご厚誼を賜った多くの皆様に深く感謝いたします。

引用・参考文献

赤松圓瑞［二〇一〇］「追憶」『大覚』天台宗東海教区宗務所（『追慕記』より転載：崇叡心院大僧正圓麟大和尚三十三回忌出版、一九六九年）
有岡利幸［一九九二］『ケヤキ林の育成法』大阪営林局森林施業研究会
池山一切圓［一九八八］「最澄と比叡山」『傳燈　歴史篇』比叡山開創一千二百年記念写真刊行会
伊東隆夫・林昭三・島地謙［一九八五］『北白川追分町縄文遺跡出土の木材の樹種』京都大学埋蔵文化財調査報告Ⅲ、第Ⅱ部、自然科学的調査篇
上原敬二［一九五九］『樹木大図説』（第一巻）、有明書房
宇野日出生［二〇〇七］『八瀬童子　歴史と文化』思文閣出版
大久保良順・宗政五十緒［一九八八］「図版 解説」比叡山開創千二百年記念『現代書家一〇〇人による比叡山百首展』朝日新聞大阪本社
小椋純一［一九九二］『絵図から読み解く人と景観の歴史』雄山閣
小椋純一［二〇一二］『森と草原の歴史』古今書院
小野喜三郎［一九六一］「鳥類」『比叡山―その自然と人文―』京都新聞社
景山春樹［一九七五］『比叡山』角川選書、角川書店
川村多実二［一九三三］『比叡山鳥類蕃殖地　京都府史跡名勝天然記念物調査報告』第十四冊

北村四郎［一九六二］「比叡山の植物」『比叡山―その自然と人文―』京都新聞社
北村四郎・四手井綱英［一九六二］「比叡山の森林植生」『比叡山―その自然と人文―』京都新聞社
北村四郎・村田源［一九六二］「北村四郎・村田源比叡山植物目録」『比叡山―その自然と人文―』京都新聞社
京都大学フィールド科学教育研究センター［二〇〇八］「特集・ニホンジカの森林生態系へのインパクト―芦生研究林―」『森林研究』第七七号、一～一〇八頁
吉良竜夫［二〇〇三］「石山・粟津貝塚と縄文時代の古環境」『琵琶湖流域を読む・下』琵琶湖流域研究会編、サンライズ出版
木平勇吉ら編［二〇一二］『丹沢の自然再生』J-FIC（日本林業調査会）
斎藤忠［一九九八］『中国天台山諸寺院の研究』第一書房
滋賀県大津林業事務所編［一九九七］『大津市坂本地先「延暦寺の建築物」と「比叡山の森林」』滋賀県
四手井綱英［一九六二］「造林学上から見た森林植生」『比叡山―その自然と人文―』京都新聞社
柴田栄［二〇一〇］「赤松圓麟大僧正の山林経営に対する御熱情に感服して」『大覚』天台宗東海教区宗務所（『追慕記』より引用：崇叡心院大僧正圓麟大和尚三十三回忌出版、一九六九年）
清水擴［二〇〇九］『延暦寺の建築史的研究』中央公論美術出版
鈴木時夫［一九六一ａ］「モミ＝シキミ群集について」Research Bull. Fac. Lib. Arts Oita Univ. 10 (Nat. Sci.)
鈴木時夫［一九六一ｂ］「中腹から山頂までの植生」『比叡山―その自然と人文―』京都新聞社
武覚超［二〇〇八］『比叡山諸堂史の研究』法藏館

竹内敬［一九六二］『京都府草木誌』宗教法人大本
玉井重信・加藤博之・中堀謙二・安藤信［一九七九］「京都市の市街地周辺の森林植生に関する調査研究報告」『京都市域における自然環境の関する実態調査結果報告書』京都市衛生局
土屋和三［二〇一一a］「比叡山の自然再生―思想を育んだ比叡山の自然―」『比叡山時報』第六七七号、二〇一一年七月八日
土屋和三［二〇一一b］「自然とかかわりあう文化、（比叡山のもり）（比叡山のブナ）」『経営学特別講義：京都の自然と産業』龍谷大学産業学研究所
土屋和三［二〇一二］「生きものをめぐる文化と自然再生、（比叡山の自然再生）（比叡山の自然再生への展望）」『京都の自然と産業』龍谷大学産業学研究所
津村義彦・陶山佳久［二〇一五］『地図でわかる樹木の種苗移動ガイドライン』文一総合出版
天然記念物和泉葛城山ブナ林増殖調査委員会編［一九九三］『和泉葛城山ブナ林増殖調査報告書』岸和田市教育委員会・貝塚市教育委員会
所三男［一九八〇］『近世林業史の研究』吉川弘文館
徳田御稔［一九六二］「動植物分布の関連性」「哺乳類」「その他の脊椎動物」『比叡山―その自然と人文―』京都新聞社
中沢圭二［一九六二］「比叡山の生いたち」『比叡山―その自然と人文―』京都新聞社
中根猛彦［一九六二］「昆虫」『比叡山―その自然と人文―』京都新聞社
中堀謙二［一九九六］「変貌する里山」『講座　文明と環境9　森と文明』朝倉書店
中村治［二〇一八］『洛北　上高野　山端』大阪公立大学共同出版会
日本野鳥の会山口県支部［二〇〇二］「滑山（なめらやま）国有林の自然保護について申し入れ、

二〇〇二年二月二十日」（環境省自然保護局野生生物課長、ほか3機関への申し入れ）
葉上照澄［一九七二］『道心』春秋社
間直之助［一九六二］「猿」『比叡山―その自然と人文―』京都新聞社
八反祐太郎［二〇一八］「横山崋山の伝記と画歴」「作品解説、花洛一覧図」『横山崋山展』（東京ステーションギャラリー他　編）
東口涼・柴田昌三［二〇一七］「一斉開花後のチュウゴクザサ（Sasa veitchii var. hirsuta）群落再生におけるニホンジカの継続的採食圧の排除がもたらす効果」『日緑工誌』四三巻一号
古島敏雄［一九七五］『日本農業技術史』（古島敏雄著作集第6巻）東京大学出版会
Volis S. [2019] Plant Conservation: The Role of Habitat Restoration. Cambridge UP.
Makita A, Y. Konno, N.Fujita, K. Takada and E. Hamabata [1993] Recovery of a *Sasa tsuboiana* population after mass flowering and death, *Ecological Research* Vol 8 pp.215-224.
松下進［一九六二］「比叡山の地質」『比叡山―その自然と人文―』京都新聞社
水本邦彦［二〇〇三］「比叡山・東山」『草山の語る近世』山川出版社
嶺一三［一九六九］「本多静六、右田半四郎両先生の憶い出」『林業経済』二二巻六号
村田源［一九八四］「京都府の植生」宮脇昭編著『日本植生誌 近畿』至文堂
村田源［一九九九］「京都府立植物園に残された竹内敬先生の標本の再検討7」『京都植物』二四巻四号
村田源・藤戸政博［二〇一五］「比叡山にある太い杉の胸高周囲の測定と樹齢の推定」『京都植物』三一巻二号
森川宏映［二〇一〇］「延暦寺山林還付百年を迎えて」『大覚』天台宗東海教区宗務所

森村廣太郎［一九二七］「千種有功卿天台採薬和歌」『京都園藝』第六輯

龍谷大学世界仏教文化研究センターと
龍谷大学アジア仏教文化研究センター

龍谷大学は、寛永十六年（一六三九）に西本願寺の阿弥陀堂北側に創設された「学寮」を淵源とする大学です。その後、明治維新を迎えると学制の改革が行なわれ、学寮も大教校・真宗学庠・大学林・仏教専門学校・仏教大学と順次に名称を変更し、大正十一年（一九二二）に今の「龍谷大学」となりました。

その間、およそ三百八十年もの長きにわたって仏教の研鑽が進められ、龍谷大学は高い評価を得てまいりました。そして平成二十七年四月、その成果を国内外に発信するとともに仏教研究の国際交流をめざす拠点として、「龍谷大学世界仏教文化研究センター」を設立いたしました。「龍谷大学アジア仏教文化研究センター」は、このような意図のもと設立された世界仏教文化研究センターの理念を具現化する研究機関です。

アジア仏教文化研究センターでは、文部科学省の支援事業に採択された「日本仏教の通時的共時的研究―多文化共生社会における課題と展望―」（二〇一五年度～二〇一九年度）をテーマとする研究プロジェクトを推進してまいりましたが、「文化講演会」ならびに「講演会シリーズの刊行」もまた、世界仏教文化研究センターの設立理念の一つである「社会貢献」を具現化したものに他なりません。

この度、本書『比叡山の仏教と植生』を刊行いたしましたが、これ機縁として、龍谷大学の設立した世界仏教文化研究センターならびにアジア仏教文化研究センターの諸活動に、さらなるご理解とご支援をたまわりますよう、茲に謹んでお願い申し上げます。

令和二年一月十六日

龍谷大学アジア仏教文化研究センター

センター長　楠　淳證

執筆者（掲載順）

礒村良定（いそむら　りょうじょう）
1977 年、大阪府生まれ。延暦寺一山無量院住職、比叡山延暦寺根本中堂保存修理事務局幹事。

吉田慈順（よしだ　じじゅん）
1983 年、滋賀県生まれ。天台宗典編纂所編輯員、龍谷大学非常勤講師、博士（文学）。専門は天台教学。著書に『蔵俊撰『仏性論文集』の研究』（共著、楠淳證・舩田淳一編、法藏館、2019 年）など、論文に「最澄・徳一論争の波及範囲」（『印度学仏教学研究』67-2、2019 年）など。

武　円超（たけ　えんちょう）
1978 年、滋賀県生まれ。延暦寺一山松寿院住職、比叡山延暦寺管理部主事。

村上 明也（むらかみ　あきや）
1982 年、京都府生まれ。龍谷大学非常勤講師、四天王寺大学非常勤講師、浄土真宗本願寺派中央仏教学院講師、博士（文学）。専門は中国仏教、特に天台学。著書に『蔵俊撰『仏性論文集』の研究』（共著、楠淳證・舩田淳一編、法藏館、2019 年）など。

道元徹心（みちもと　てっしん）
奥付に記載。

土屋和三（つちや　かずみ）
1948 年、神奈川県生まれ。龍谷大学元教授。専門はヒマラヤの植物生態地理学。著書に『ヒマラヤの自然誌』（共著、酒井治孝編、東海大学出版会、2000 年）など。

写真提供
表紙・扉：比叡山延暦寺

編者略歴

道元徹心（みちもと　てっしん）

1959年生まれ、兵庫県出身。龍谷大学文学部仏教学科卒業、龍谷大学大学院文学研究科博士課程仏教学専攻単位取得満期退学。龍谷大学文学部准教授、同理工学部准教授等をへて、現在、理工学部教授、同大学図書館長。専門は天台学・叡山浄土教。

主な著書に『天台――比叡に響く仏の声』（編著、自照社出版、2012年）があるほか、論文に「ハーバード大学所蔵『真如観』の検出について」（『龍谷大学論集』第471号）、「ハーバード大学燕京図書館所蔵『顕密即身成佛考』について」（『龍谷大学論集』第474・475合併号）などがある。

龍谷大学アジア仏教研究センター文化講演会シリーズ 4

比叡山の仏教と植生

二〇二〇年三月一五日　初版第一刷発行

編　者　道元徹心

発行者　西村明高

発行所　株式会社　法藏館
京都市下京区正面通烏丸東入
郵便番号　六〇〇－八一五三
電話　〇七五－三四三－〇〇三〇（編集）
〇七五－三四三－五六五六（営業）

ブックデザイン　田中　聡

印刷・製本　中村印刷株式会社

ISBN 978-4-8318-6433-8　C0015

龍谷大学アジア仏教文化研究叢書

※書名の上の数字はシリーズの通番。価格は税別

3 仏教英書伝道のあけぼの　中西直樹・那須英勝・嵩　満也編　六、五〇〇円

6 南都学・北嶺学の世界　法会と仏道　楠　淳證編　四、五〇〇円

7 蔵俊撰『仏性論文集』の研究　楠　淳證・舩田淳一編　一五、〇〇〇円

8 現代日本の仏教と女性　文化の越境とジェンダー　那須英勝・本多　彩・碧海寿広編　二、二〇〇円

12 日本仏教と西洋世界　嵩　満也・吉永進一・碧海寿広編　二、三〇〇円

13 日本仏教と論義　楠　淳證・野呂　靖・亀山隆彦編　七、五〇〇円

14 大谷光瑞の構想と居住空間　三谷真澄編　三、五〇〇円

15 日本仏教の展開とその造形　道元徹心編　八、〇〇〇円

16 最古の世界地図を読む　『混一疆理歴代国都之図』から見る陸と海　村岡　倫編　三、二〇〇円